NKM

LA FEMME DU PREMIER RANG

GASPARD DHELLEMMES
OLIVIER FAYE

NKM
La femme du premier rang

Éditions Jacob-Duvernet

À mes parents,
à Raphaëlle et Pascal,
Gaspard Dhellemmes

À Jacques et Thérèse,
à Camille,
Olivier Faye

Sommaire

Introduction
Enquête sur celle qui rêve de devenir la première femme présidente de la République 9

1. L'appel du large 13

2. Seule au milieu des autres 19

3. Naissance aux forceps d'un bébé Chirac 25

4. Atterrissage surprise à Longjumeau 33

5. Une gothique au Palais Bourbon 39

6. De Chirac à Sarkozy 47

7. Les cent vies de « Monsieur NKM » 57

8. Une secrétaire d'État « qui en a » 65

9. Au « purgatoire doré » 77

10. Le retour en grâce 87

11. Nathalie Kosciusko-Morizet, directrice ressources humaines 95

12. La « lonesome cowgirl » de Longjumeau 107

13. La discrète campagne pour le porte-parolat......117

14. « Marie-Antoinette » et le « candidat du peuple »..123

15. Une élection de tous les dangers 133

16. NKM, une centriste perdue à l'UMP...............145

17. La communication sans dissonance 153

18. Une famille qui oblige 161

19. À nous deux, Paris 167

Conclusion 177

Annexe : Liste des personnes citées 181

Introduction

Enquête sur celle qui rêve de devenir la première femme présidente de la République

Cramponnée à l'arrière d'un scooter, Nathalie Kosciusko-Morizet file tout sourire dans les rues de Paris, cheveux au vent. On croirait presque une adolescente en train de faire le mur pour la première fois. En ce 3 juin 2013, elle vient d'être désignée candidate de l'UMP pour l'élection municipale dans la capitale, à l'issue d'une primaire tout sauf incertaine. Comment aurait-il pu en être autrement, elle qui ne laisse jamais rien au hasard ? À tout juste 40 ans, la jeune femme se présente aux portes de l'Hôtel de Ville avec la confiance de ceux à qui rien ne résiste.

Petit à petit, son visage s'impose dans l'imaginaire des Français, à la télévision, sur les Unes des magazines. Mais connaît-on vraiment Nathalie Kosciusko-Morizet ?

Lorsqu'on évoque cette figure singulière de la vie politique française, les malentendus sont légion. On l'imagine fragile et douce, c'est une guerrière sans état d'âme, volontiers cassante. On la croit vaporeuse, délicate comme une toile de Titien, c'est une matheuse stricte, une stratège empreinte de rigueur militaire qui a toujours trois coups d'avance. On la pense extravagante, c'est une bûcheuse « techno », tout juste gentiment décalée.

Il n'a fallu à Nathalie Kosciusko-Morizet qu'une dizaine d'années pour s'imposer comme l'une des seules femmes politiques françaises en mesure de conquérir l'Élysée. Son ascension, depuis les bancs de Polytechnique jusqu'aux plus hautes fonctions ministérielles, est fulgurante mais s'est construite pas à pas. Bien née et culottée, elle a su s'assurer l'appui d'influents parrains, jusqu'à devenir la préférée de Nicolas Sarkozy. Dotée d'une tête bien faite, elle a imposé son acronyme, NKM, comme une marque politique aussi identifiable que DSK, VGE ou JFK. Bête politique, elle est aussi douée pour intriguer dans les couloirs de l'UMP que pour assimiler entre deux stations de métro un rapport sur le réchauffement climatique.

Kosciusko, comme l'appellent ses collaborateurs, a beau avoir été lancée par Jacques Chirac, puis soutenue par Nicolas Sarkozy, elle ne se reconnaît aucun modèle en politique. Avec Valéry Giscard d'Estaing, elle partage pourtant de nombreux points communs. Même origine sociale favorisée, même formation scientifique, même sentiment de vivre sa vie comme une succession de concours à passer, et à réussir. Même propension, aussi, à susciter l'agacement de ses pairs par la conviction qu'elle a de sa supériorité. Comme l'ancien président en son temps, elle tente de faire entendre sa petite musique centriste dans le brouhaha d'une famille politique tentée par la droitisation.

Il y a également chez cette égérie médiatique un peu de Ségolène Royal. Avec ce mélange de racines conservatrices et d'ouverture à la modernité, et cette façon de capter la lumière des caméras comme personne. « Elle est “folle” comme Ségolène, mais elle a une tête », dit d'elle Alain Minc, l'un de ses nombreux mentors. Nathalie a ce même sentiment d'être poussée par une force intérieure, une forme d'hubris, mais elle est bien plus structurée intellectuellement. » Car comme Royal, VGE et une poignée d'autres, NKM affiche une ambition extraordinaire. Il est peu d'étapes dans son parcours qui ne soient marquées par son impatience à gravir les échelons, sa formidable envie d'en découdre. Nathalie Kosciusko-Morizet, la bonne élève assise au premier rang, ne se destinait pas dès son enfance à la carrière politique. Mais une fois engagée dans celle-ci, autant y exceller. Aujourd'hui, elle n'a qu'un but : devenir la première femme présidente de la République.

Nous sommes entrés en contact avec l'équipe de la

candidate à la mairie de Paris au début du mois de mars 2013 pour les prévenir de notre projet de biographie. Après avoir accepté de nous rencontrer, Nathalie Kosciusko-Morizet s'est ensuite ravisée. « Elle n'a pas aimé certaines questions qui lui sont remontées de vos premiers entretiens », nous a-t-on expliqué en guise de fin de non-recevoir.

Croisée à quelques reprises lors de reportages, la candidate n'a pas caché son agacement face à notre travail. « C'est vous qui appelez tout le monde ? Les gens ont un métier, ils ont d'autres choses à faire que de vous répondre ! » Quelques membres de son équipe nous ont néanmoins aidés à joindre certains anciens collaborateurs. Ce sont plus de 120 témoins de son ascension, amis, ennemis, conseillers, soutiens que nous avons rencontrés. Mises bout à bout, leurs confidences brossent un portrait sans doute différent de celui que NKM, l'as de la com', souhaite présenter aux Parisiens aujourd'hui, et à tous les Français demain.

1

L'APPEL DU LARGE

Les gorges se déploient dans un joyeux vacarme, laissant exploser des rires de toutes parts sur fond de musique de jazz. Les couples d'un soir, déjà abrités des regards par le tamis couvant la lumière, se dissimulent derrière la fumée des cigares. Par grappes, les marins s'agglutinent sur les canapés, verre à la main, et guettent le passage des jeunes femmes qu'ils ont rebaptisées, espiègles, « les étudiantes éthiopiennes en recherche de bourses d'études ». Dire « prostituée » gâcherait le caractère bon enfant de la fête. Personne n'est dupe, cependant, sur les motivations des uns et des autres. Chaque port de la Corne de l'Afrique, au bord des chaudes mers de l'océan Indien, voit se rencontrer le soir, dans ses bars, les marins en escale et ces « étudiantes ». La tradition est aussi vieille que la navigation.

Nathalie Kosciusko-Morizet, 19 ans, jeune fille rangée de l'ouest parisien se garde bien de jouer les prudes. Depuis le début de son service militaire sur Le Var, en janvier 1993, dans le cadre de ses études à Polytechnique, elle s'est habituée aux mœurs gaillardes des marins. Et puis, les femmes – 3 sur presque 200 membres d'équipage – ne sont pas en nombre suffisant pour constituer une ligue de vertu. Surtout, la jeune étudiante, dont les traits du visage ont déjà pris l'angle tranchant qu'ils auront à l'âge adulte, a soif de découvertes. Alors, elle accompagne les aspirants de son carré dans les bordels et les bars : de l'élégant Palmier en Zinc, à Djibouti, rendez-vous incontournable des marins français depuis des décennies, aux plus glauques des bouges de Dar es Salaam, en Tanzanie. Souvent, elle s'assoit à côté d'une prostituée, engage la conversation et cherche à connaître ces femmes qui lui ressemblent si peu.

Ce périple de six mois, entre le Sri Lanka et l'île Maurice, Cochin et Zanzibar, prendrait presque des airs de voyage initiatique. Un *Bildungsroman* plus qu'une aventure à la Conrad : le voyage est sûr et les conditions de vie confortables. Ce bâtiment de commandement et de ravitaillement (BCR), chargé d'alimenter en pétrole la flotte française de l'océan Indien est surnommé « bâtiment de cocktail et de réception ». L'amiral à son bord a une mission de représentation. Les fréquentes escales sont à chaque fois prétextes à l'accueil des officiels locaux et de la communauté française. Ces haltes permettent à l'équipage de partir en escapade : safari au Kenya, rencontre avec les éléphants à Colombo, exploration des backwaters en Inde… Il faut bien ça pour rompre avec la monotonie de la vie à bord. Cette boîte de conserve offre bien peu d'occasions de divertissement. L'activité physique est réduite au minimum, et nombreux sont ceux qui, une fois à terre, constatent sur la balance le poids de l'excellente cuisine de l'armée.

La jeune Nathalie est un marin capable. Chargée de prendre le quart et de maintenir le cap fixé par le commandant, elle est souvent laissée seule sans autre officier sur la passerelle du Var. Un privilège rarement accordé à ces marins encore trop verts que sont les polytechniciens. Pendant la traversée, elle a maille à partir avec son commandant adjoint qui lui reproche la longueur peu réglementaire de ses cheveux blonds.

— Je ne veux pas voir cette coiffure sur la passerelle, c'est dangereux. Ils peuvent s'accrocher n'importe où !

Mais tel le Samson des textes bibliques, elle refuse obstinément de subir la loi des ciseaux.

— Ils sont parfaitement attachés, je ne vois pas ce qui pose problème.

Leur affrontement se prolonge pendant des semaines et devient un sujet de plaisanterie pour les jeunes aspirants, qui moquent le caractère tatillon de l'officier. Ce dernier finit par rendre les armes face à l'obstination de la polytechnicienne.

Pas de farine pour Nathalie Kosciusko-Morizet

Si ce périple est pour elle un tel bol d'air, c'est que la jeune femme s'est jusqu'à présent beaucoup languie. Nathalie Kosciusko-Morizet a mené une enfance douillette et un peu austère. Le père, François, ingénieur, n'est pas réputé pour son humour. La mère, Bénédicte, a, elle, fait le choix de quitter son travail de professeur d'IUT pour élever ses quatre enfants dans le respect des traditions religieuses. Nathalie a partagé son temps avec sa sœur aînée Caroline et son petit-frère Pierre, dont elle est le plus proche. Le dernier, Étienne, naîtra quatorze ans après elle. Ce n'est pas à l'institution catholique Madeleine Daniélou de Rueil-Malmaison qu'elle aurait pu assouvir ses envies d'aventure. Dans cette école pour jeunes filles de bonne famille des Hauts-de-Seine, la seule distraction consistait à guetter la sortie des garçons du lycée voisin. Chaque page de l'album de son enfance se révèle conforme à la sage éducation de la bourgeoisie traditionnelle, entre voile, équitation et musique – elle a appris le violoncelle. L'été, les vacances au milieu des vaches dans la maison familiale de Gouville, en Normandie, succédaient aux séjours linguistiques à l'étranger.

Le regard frondeur dissimulé par quelques courtes

mèches de ses cheveux en bataille, elle n'a développé aucun rêve d'avenir – ni cosmonaute, ni institutrice, encore moins présidente de la République. Tout juste a-t-elle pris goût pour la botanique et ambitionné un temps de devenir fleuriste. Son grand-père maternel, Hubert Treuille, l'a initiée à cet art dans le jardin qu'il a créé au cœur du prieuré d'Orchaise, dans le Loir-et-Cher. Auprès de cet homme, elle a appris à manier la pelle, à respecter les saisons et s'est éveillée à l'écologie.

Sur le bateau, au moment de passer pour la première fois la « ligne », surnom donné par les marins à l'Équateur, chaque nouveau venu doit subir un bizutage de la part de militaires plus expérimentés. Des festivités bon enfant, à grands renforts de farine, de déguisements et de gages gentiment potaches. Nathalie Kosciusko-Morizet supporte mal ces enfantillages et se vexe même au moment de subir un enfarinage dans les règles de l'art. Les marins du Var sont prévenus : l'adolescente a désormais quitté le monde de l'enfance et ne compte en aucun cas y revenir.

2

Seule au milieu des autres

Aux commandes de sa 205, Nathalie Kosciusko-Morizet attaque les virages à toute vitesse. Un coup de volant par-ci, un coup de volant par-là. Ses passagers en auraient presque la nausée. Tous connaissent la conduite sportive de la jeune femme. « Dangereuse » même, selon certains. Mais elle est la seule dans son groupe d'amis de Polytechnique à posséder une voiture. Cette vieille Peugeot d'occasion lui a été offerte par ses parents. Pratique pour faire la route entre l'appartement de ses grands-parents à Paris, sa maison à Sèvres et son pensionnat à Palaiseau. Régulièrement, elle embarque ses camarades d'école pour un week-end dans sa résidence familiale en Normandie ou pour rendre visite à ses grands-parents en Touraine. Aucun, les garçons en particulier, ne voudrait manquer ces moments-là. Dès lors, ils se cachent les yeux dans les virages.

Énergique, jolie, la compagnie de la jeune Nathalie est appréciée. Son tempérament attire, mais il subsiste chez elle ce je-ne-sais-quoi qui tient à distance, ce halo interprété par certains comme de la pudeur, par d'autres comme de la condescendance. Elle a beau avoir passé deux ans en prépa au lycée Louis-le-Grand, période de travail intense pendant laquelle des liens forts se créent entre les élèves, ses amis se comptent plutôt parmi les anciens de « Ginette », l'institution catholique Sainte-Geneviève de Versailles. Sa famille, ses origines, occupent une grande part de ses conversations. Aux uns, elle parle de son ascendance polonaise. Aux autres, aux filles surtout, elle évoque la place des femmes dans la société, la difficulté à concilier vie professionnelle et vie familiale. À Polytechnique, il est courant de voir une brillante jeune femme promise aux plus belles carrières bifurquer vers une place de femme au foyer. Sa mère a fait ce choix. Nathalie Kosciusko-Morizet en fera son contre-modèle.

Marche au pas et tir au fusil

Son père, son oncle et son grand-père maternel, tous trois diplômés de Polytechnique, l'inspirent davantage. Avant d'intégrer la prestigieuse école militaire, la jeune femme a dû affronter l'épreuve de la prépa maths sup-maths spé au lycée Louis-le-Grand. Un soulagement puisqu'elle a pu quitter la maison familiale de Sèvres et partir s'installer chez ses grands-parents paternels. Mais les mathématiques sont loin d'être sa passion. Son truc, c'est la géométrie, une matière plus utile en mer à l'heure de faire le point avec le sextan et les étoiles que pour intégrer l'X. Alors, elle a bûché ses points faibles, s'est classée dans le premier tiers de sa classe et a intégré sans trop de difficulté la grande école de Palaiseau à la rentrée 1992.

Les nouveaux polytechniciens, enfermés dans l'obscurité des salles de classe pendant leur prépa, sont jetés au grand air pour un « décrassage » : un mois en camp militaire dans la Creuse, à La Courtine. Le choc est rude pour certains fils de bonne famille, pas habitués à être réveillés au son du clairon. Leur situation reste néanmoins privilégiée. La nourriture se révèle meilleure que chez maman et du personnel est préposé au nettoyage des armes. Le programme est chargé : il s'agit d'apprendre en peu de temps à marcher au pas, tirer au fusil, ou encore à monter un camp. Au moment de choisir son « arme », entre l'infanterie, la marine et l'armée de l'air, la jeune Kosciusko-Morizet opte pour « La Royale ». Direction l'école navale du Poulmic à Lanvéoc, dans la baie de Brest. En trois mois, les élèves officiers doivent apprendre à naviguer. Quand ils n'ont pas classe, le dimanche, les voiliers sont de sortie. C'est dans ces moments-là que les enfants de bonne famille, posés à la barre dès leur plus jeune âge, se révèlent. La jeune femme maîtrise évidemment l'exercice.

Loin de la politique

Une fois le service militaire dans l'océan Indien achevé, la rentrée sur le campus de Palaiseau marque le retour dans un univers aux codes plus familiers. « Fini les vacances » se plaignent certains. L'heure est désormais au bachotage, avec pour objectif le classement de sortie dans deux ans. Terminer dans les 100 premiers est un passage obligatoire pour ceux qui souhaitent décrocher un grand corps de l'État. Les élèves sont casernés en fonction de leur sport : Nathalie choisit l'équitation, discipline la plus prisée et la plus « aristocratique » de l'institution, plus en raison des professeurs qui en ont la charge – des officiers à particule – que des étudiants qui la pratiquent. L'idée de rejoindre les rugbymen, la caste « populaire » et fêtarde de l'école, ne l'a pas effleurée.

La jeune femme paraît brillante, mais pas plus que les autres étudiants de l'X. Sa beauté, en revanche, ne laisse pas indifférent. Secrète, elle reçoit régulièrement des fleurs et des mots de divers soupirants, mais jamais ne se laisse voir au bras d'un homme.

— De toute façon, elle n'épousera qu'un énarque, plaisante à moitié l'un de ses amis résignés. Car elle a beau ne jamais parler de politique, ses camarades sentent déjà que son ambition la dirige vers la haute administration.

Pour l'instant, le choix des options – chimie et biologie – est la plus engagée des décisions possibles. Le tropisme de Nathalie pour ces deux matières, un prolongement de son goût pour la botanique, est le premier marqueur d'un engagement à venir en faveur de l'écologie. La jeune femme s'envole avec plusieurs camarades en fin de deuxième année pour Phnom Penh, au Cambodge. Là-bas, dans la fourmillière de la ville, elle travaille en tant que stagiaire pour l'association « Agronomes et vétérinaires sans frontières », avec l'idée de développer un biogaz à base... de déjections d'animaux. La capitale cambodgienne est alors en proie aux coupures d'électricité incessantes et les plus démunis n'ont que peu de moyens pour chauffer leur habitation. Elle impressionne ses camarades par sa capacité « virile » à prendre les choses en main et l'aisance avec laquelle elle navigue sur sa moto dans une circulation chaotique. D'autres voyages, les années suivantes, en Birmanie et en Indonésie, viennent alimenter son envie de découvertes.

En 1995, elle intègre, de justesse, l'École nationale du génie rural, des eaux et des forêts (Engref). La spécialisation est originale, quand la majorité des polytechniciens rêvent des télécoms, en plein essor. C'est dans cette école qu'elle rencontre Marie-Claire Daveu, avec laquelle se noue une solide amitié. Les deux femmes partagent des convictions communes en matière d'environnement. Enfants de l'ouest parisien, caractères décidés, elles se ressemblent jusque dans la pâleur de leur teint. Douze ans plus tard, Daveu deviendra l'indéboulonnable directrice de cabinet de NKM.

3

NAISSANCE AUX FORCEPS D'UN BÉBÉ CHIRAC

— Je suis désolée, c'est l'émotion...

Nathalie Kosciusko-Morizet ne sait plus où se mettre. Assise sur une chaise dans un salon du ministère de l'Écologie, le teint plus blême encore que d'ordinaire, la jeune femme reprend peu à peu ses esprits. Elle vient tout juste de s'évanouir. Face à elle se tiennent interdites Roselyne Bachelot et Tokia Saïfi. La première vient d'être nommée ministre de l'Écologie dans l'équipe du Premier ministre Jean-Pierre Raffarin. La seconde, secrétaire d'État chargée du développement durable, est la première femme d'origine maghrébine à siéger au sein d'un gouvernement sous la Ve République. Une nomination symbolique au lendemain de l'élection présidentielle de 2002, qui a vu l'accession de Jean-Marie Le Pen au second tour du scrutin. Nathalie Kosciusko-Morizet, tout juste 29 ans, est devenue sa directrice de cabinet. La responsabilité est importante pour un premier poste dans un ministère. Mais de là à défaillir sous l'effet du stress... La jeune femme présente un visage paradoxal. Elle semble à la fois peu assurée mais très confiante dans ses capacités.

Ces derniers jours, depuis la réélection de Jacques Chirac le 5 mai, lui ont valu de nombreuses frayeurs. Ce poste de « dircab », elle ne l'a obtenu qu'en catastrophe, grâce à l'intervention de Stéphane Dupré la Tour, le conseiller Écologie et Transports de l'Élysée. Sans lui, elle restait à quai ; elle qui lorgnait sur la place de directeur de cabinet de Bachelot avait vu défiler les nominations, sans jamais entendre sonner son téléphone. Élysée, Matignon... Les cases se sont remplies en 48 heures à peine. La rentrée des classes allait se faire sans elle. Rapidement, Dupré la Tour, avec lequel elle avait rédigé des éléments de langage pendant la campagne présidentielle, s'est ému de voir la jeune femme ainsi laissée sur la touche, et a glissé son nom à Tokia Saïfi. La novice devient la cheville ouvrière d'une ministre symbole de la diversité, qui ne connaît rien à l'écologie. L'attelage est original et sera de courte durée.

La première télé d'une « dircab » sur le départ

Les téléspectateurs de TF1, alanguis par la digestion et les premières chaleurs de l'été, voient le duo quelques secondes à l'œuvre dans un reportage du journal de 13 heures, le 10 mai. Pour sa première apparition télévisée, Nathalie Kosciusko-Morizet ne crève pas l'écran. Tokia Saïfi, petite femme aux cheveux bruns coupés au carré, fait face à sa directrice de cabinet. Le visage rougissant, les mains dans les poches, Kosciusko paraît bien empruntée entre sa nouvelle patronne, l'officier de sécurité et l'équipe de télévision. Embarrassée comme une jeune femme filmée au saut du lit.

L'arrêté de sa nomination n'a pas encore été publié au Journal officiel que la voilà déjà partie pour rejoindre le cabinet de Jean-Pierre Raffarin comme conseillère technique écologie et développement durable. À défaut de diriger le ministère de ses rêves, mieux vaut s'approcher de l'endroit où se prennent les décisions : à Matignon. Jacques Chirac n'accorde alors que peu de latitude à son Premier ministre dans la composition de ses équipes : tout juste lui a-t-il laissé le choix de son directeur de cabinet, Pierre Steinmetz, ancien Préfet de la région Poitou-Charentes, sa région. Pour les autres, ce sont des chiraquiens, à l'image de Nathalie Kosciusko-Morizet, qui ont été placés auprès de Raffarin le giscardien.

Les notes remarquées de « Nathalie Dumartray »

Pendant l'entre-deux-tours, les Français sont descendus dans la rue par centaines de milliers, par millions même, le 1er mai. Ils défilent dans toutes les villes de France pour dire « Non » au Front national, comme l'a placardé *Libération* à sa Une. Au même moment, un homme, qui jouera un rôle décisif dans la trajectoire de la future NKM, reste lui assis à son bureau. Il travaille, consulte, passe ses journées au téléphone, parcourt du doigt sa carte de France des 577 circonscriptions. Cet homme, c'est Jérôme Monod, l'âme damnée de Jacques Chirac, un protestant à la figure émaciée qui fait la pluie et le beau temps à droite.

Dès les résultats du premier tour connus, il se projette dans l'après. Les élections législatives du mois de juin pourraient enfin clore cinq ans de cohabitation avec le Parti socialiste, la plus longue de la Ve République. Et les circonstances offrent à l'ami de quarante ans de Jacques Chirac l'opportunité de conclure ce à quoi il travaille depuis un an : la création du grand parti de droite unifiée, l'Union pour la majorité présidentielle (UMP).

C'est avec l'objectif de faire réélire le président en 2002, mais aussi de gagner les législatives qui s'ensuivent, que l'ancien PDG de la Lyonnaise des eaux avait quitté en 2000 le monde de l'entreprise pour revenir travailler auprès de son vieux compère. À cette époque, les mauvaises langues qualifiaient l'Élysée de sous-préfecture, tant le niveau de réflexion y était bas. Monod, l'homme de réseaux, jette ses filets pour faire remonter de jeunes talents. Les prises sont nombreuses :

Valérie Pécresse, Frédéric Salat-Baroux, qui deviendra secrétaire général de la présidence et épousera Claude Chirac, Stéphane Dupré la Tour, Marie-Claire Carrère-Gée, ainsi qu'une certaine Nathalie Kosciusko-Morizet.

Cette haut fonctionnaire environnement au commerce extérieur signe alors sous le pseudonyme de Nathalie Dumartray – devoir de réserve oblige – des articles remarqués sur la fiscalité écologique dans la revue de l'Association des amis de Jacques Chirac. Elle a effectué un stage à la direction des ressources humaines de la Lyonnaise des eaux, chez Jérôme Monod, et est adhérente de la fondation Concorde, think tank libéral dirigé en sous-main par ce dernier. Surtout, elle appartient à la famille néo-gaulliste, puisque son grand-père, le résistant Jacques Kosciusko-Morizet, a été le conseiller diplomatique de Jacques Chirac.

En 2001, un déjeuner réunit dans la salle des fêtes de l'Élysée une trentaine de têtes pensantes autour du président de la République. Chaque participant est invité à prendre la parole à tour de rôle sur son domaine de prédilection. Nathalie Kosciusko-Morizet se lève et livre un exposé limpide sur l'écologie, aussi bien d'un point de vue technique que politique.

— C'est une nouvelle frontière pour la droite, résume-t-elle avec emphase.

Attentif, Jacques Chirac répond :

— C'est très pertinent, ce que vous dites m'intéresse.

La jeune femme a capté l'attention du vieux lion.

Certains, comme Anne Méaux, la communicante la plus prisée du moment, voient en Valérie Pécresse l'avenir du mouvement gaulliste. D'autres parient sur Kosciusko, comme Jérôme Peyrat, directeur de cabinet de la présidente du RPR, Michèle Alliot-Marie, et homme à tout faire de la chiraquie. Il cosigne avec la jeune pousse un essai intitulé *Les petits matins*, destiné à soutenir la candidature du président sortant. Les esprits machistes du parti le soupçonnent alors de s'intéresser à la belle plante davantage pour la longueur de ses jambes que pour son potentiel intellectuel.

Alors que la victoire présidentielle se dessine, il est temps d'offrir aux plus méritantes de ces jeunes pousses un endroit où se faire élire pour démarrer leur carrière politique. Rajeunir et féminiser une droite rancie par les années et le manque de renouvellement, c'est ce que l'on appelle de la bonne gestion de ressources humaines. Cela tombe bien, Nathalie Kosciusko-Morizet n'en peut plus de travailler dans l'administration, qu'elle a intégrée en 1997. Deux ans à la direction de la prévision du ministère de l'Économie, puis deux autres à la cellule environnement de la direction du commerce extérieur l'ont déjà suffisamment ennuyée. La réputation de sa compétence dépassait pourtant les murs de sa seule administration. Le MBA obtenu au Collège des ingénieurs l'a tout naturellement poussée à vouloir découvrir le privé, mais elle ne s'est pas plus épanouie lors de son court passage chez Alstom. Définitivement, son objectif est de faire carrière en politique et, pour cela, elle entend être élue le plus tôt possible. Le message a été passé auprès des différents responsables du RPR.

4
ATTERRISSAGE SURPRISE À LONGJUMEAU

Le préalable de toute candidature aux élections législatives, c'est la commission d'investiture. Cette réunion des oncles les plus influents de la famille décide de ce qui est bon pour le devenir de la lignée. Depuis le 22 avril, grands et petits cousins de la droite, réunis en huis clos autour du maître de cérémonie, le maire de Marseille, Jean-Claude Gaudin, cherchent à s'entendre. Ils s'attablent tous les jours dans la salle à manger du Petit Luxembourg, la dépendance du président du Sénat, qui présente l'avantage de la discrétion et sait ravir les papilles de ses convives. Michèle Alliot-Marie, qui serait bien restée présidente d'un RPR indépendant, s'oppose un temps à la création de l'UMP.

— Michèle, je ne suis pas là pour rigoler, tu vas faire ce qu'on te dit de faire, l'a rabrouée Jacques Chirac lors d'un déplacement en avion.

Pas besoin d'user de la menace avec Alain

Madelin : les cadres de son parti, Démocratie libérale, se sont chargés de lui montrer la voie en rejoignant comme un seul homme l'UMP au lendemain du premier tour. Seul l'UDF François Bayrou, fort de ses 7 % à l'élection présidentielle, fait de la résistance. Ce qui n'est pas le cas de tout le monde au sein de son parti.

Un personnage inconnu du grand public joue un rôle essentiel dans cette histoire de famille : Pierre-André Wiltzer, délégué général des Adhérents directs de l'UDF. Les Adhérents directs, c'est cette structure qui permet aux militants de s'affilier à l'UDF sans passer par l'un des multiples partis qui le composent. Wiltzer, 61 ans, petit-fils de préfet et fils de député, look et flegme importés du Royaume-Uni, a tout du tranquille notable. Député et maire de Longjumeau, il ne manque plus à ce haut fonctionnaire débonnaire qu'une nomination ministérielle pour conclure en beauté sa carrière de serviteur de l'État.

Il a géré les affaires de la maison Adhérents directs avec soin et, au fil des ans, ce petit groupe a accumulé un joli pactole, estimé entre quatre et six millions d'euros. Une jolie dot à offrir à l'heure du mariage, en particulier pour un RPR criblé de dettes. C'est à ses côtés, hasard ou nécessité, que Jérôme Monod vient s'asseoir lors de la première réunion de la commission d'investiture. Ils ne changeront jamais de place pendant la dizaine de jours que dureront les négociations. La présence du conseiller spécial du président signifie que Jacques Chirac entend peser de tout son poids dans les décisions prises par la commission. Heure après heure, jour après jour, les départements, les circonscriptions, sont passés en revue.

De Clamart à Longjumeau

La situation de Clamart, dans les Hauts-de-Seine, revient régulièrement sur la table. Nathalie Kosciusko-Morizet y a ouvert une permanence, s'est déclarée candidate auprès des instances du RPR depuis des mois et a déjà organisé plusieurs cafés politiques. Rien de plus logique pour elle que de venir s'implanter ici, dans un département où elle a passé une grande partie de sa vie et où son père, son grand-père et son arrière-grand-père ont été élus maires. Jusque dans l'entre-deux-tours de la présidentielle, elle croit en ses chances de s'implanter sur ce territoire. Problème, le sortant UDF s'est finalement rallié à la création de l'UMP, et le maire RPF du Plessis-Robinson lorgne lui aussi sur la circonscription. La jeune femme doit donc passer son tour. Une candidature en Saône-et-Loire face à Arnaud Montebourg, cet impudent qui veut traduire Jacques Chirac devant la haute cour de justice, est un temps envisagée. L'attache familiale est là encore évidente puisqu'une partie de sa famille est originaire du Morvan voisin. Finalement, l'avocat Francis Szpiner emporte la mise.

Comme pour chaque cas litigieux, un tour de table s'opère afin d'élargir l'éventail des solutions. Jérôme Monod murmure à l'oreille de son voisin Wiltzer :

— Je la connais, elle est très bien, c'est important de lui trouver quelque chose. C'est une femme, jeune, compétente…

— Pourquoi pas le Val-de-Marne ? suggère un participant. Il y a une bagarre entre plusieurs candidats, son parachutage pourrait régler le problème.

Va pour le 94. Deux jours plus tard, le problème ressurgit.

— Ça ne marche pas pour le Val-de-Marne, ils ne veulent absolument personne de l'extérieur !

Une dizaine de représentants locaux ont même transmis un communiqué à la presse dans lequel ils manifestent leur opposition au parachutage de cette candidate qui ne connaît rien à leur territoire. Lors du dernier tour de table, aucune solution n'est encore trouvée pour la jeune Kosciusko. Jérôme Monod se penche à nouveau vers son voisin.

— Dites-moi, Pierre-André, vous avez déjà choisi votre suppléant ? Pourquoi ne pas la prendre ?

Un peu surpris, Wiltzer lui répond :

— Mais voilà une jeune femme qui veut être députée, et non pas suppléante. Et puis, je ne la connais pas.

— Vous voulez bien la rencontrer pour voir ?

Dans la bouche du conseiller, la suggestion sonne comme un ordre.

Monod appelle Wiltzer quelques heures plus tard.

— Je lui ai dit qu'il n'était pas possible de lui trouver une circonscription, elle veut bien prendre le risque de devenir votre suppléante. Et puis, vous êtes quand même parmi les ministrables...

L'affaire est emballée. Le petit-fils de préfet voit s'approcher son rêve de gouvernement. Un café pris avenue de Ségur, dans le 7e arrondissement, entre le député et sa future suppléante parachève l'accord.

« Vous pourrez compter sur ma loyauté... »

S'ensuit une campagne législative menée à toute vitesse, où Nathalie Kosciusko-Morizet découvre sa nouvelle terre d'élection, l'Essonne. Elle n'aurait sans doute jamais imaginé y mettre les pieds un jour. « Elle était aussi faite pour aller à Longjumeau que moi pour devenir archevêque de Canterbury »[1], résume son ami des Hauts-de-Seine, Patrick Balkany. Solidement implanté, Pierre-André Wiltzer présente sa nouvelle recrue à ses électeurs et emporte la partie sans difficulté. Le lendemain, sur le perron de l'Élysée, le secrétaire général de la présidence annonce sa nomination

(1) Sauf mention contraire, toutes les citations de ce texte sont tirées d'entretiens avec les auteurs. *Cf.* la liste des personnes citées en page 177.

comme secrétaire d'État à la Coopération. La jeune femme n'aura passé que deux mois à Matignon et devient, à 29 ans, la plus jeune députée de l'hémicycle. Pierre-André Wiltzer laisse temporairement les clés de la boutique à sa suppléante. Au moment de partir rejoindre le quai d'Orsay, il lui fait promettre de démissionner le jour où il sera débarqué du gouvernement, afin de récupérer son siège. Elle, sans ciller, lui répond :

— Vous pourrez compter sur ma loyauté.

5

Une gothique au Palais Bourbon

— Eh, dis donc, ta collègue il faut qu'elle badge !

Face à l'impair commis par l'huissier du 101, rue de l'Université, Stanislas Bosch-Chomont secoue la tête dans un mouvement de dépit.

— Ce n'est pas ma collègue, c'est ma patronne…

Voilà à coup sûr l'image de Nathalie Kosciusko-Morizet bien collée dans la rétine de l'agent d'accueil pour les cinq années à venir. Ce n'est pas la première fois que le jeune attaché parlementaire assiste à ce genre de méprise. Comble de la vexation, sa députée s'est même vue un jour bloquer l'entrée dans l'Hémicycle par une de ses paires.

— Le public n'est pas autorisé à entrer, lui avait lancé la gaffeuse.

Il faut dire que dans cette assemblée composée à 90 % d'hommes et dont la moyenne d'âge s'élève à

53 ans, la jeune élue détonne. Nouvelle venue atypique de cette rentrée parlementaire 2002, Nathalie Kosciusko-Morizet a fort à faire pour obtenir l'estime de ses aînés. Peu de députés ignorent que la jeune femme n'a pas été élue sur son nom, et doit sa présence au Palais Bourbon à l'insistance de parrains très haut placés. Surtout, elle passe avec sa diction et son port aristocratique pour être un peu condescendante.

« Le problème avec les X, c'est qu'ils comprennent trop vite et qu'on a l'impression qu'ils prennent tous les autres pour des cons... », se plaint dans *Le Point* un membre de la Chambre basse(2).

La première question au gouvernement de la nouvelle élue de l'Essonne n'arrange rien à sa réputation. Fébrile, chahutée par ses voisins qui s'agglutinent autour d'elle, NKM s'adresse d'un ton sec à celle qui était encore sa supérieure quelques semaines plus tôt, Roselyne Bachelot, ministre de l'Écologie. Une tirade sentencieuse de deux minutes, apprise par cœur, à propos de la dernière conférence sur le climat.

« Cette jeune femme est très stressée, elle a une attitude enfantine et puérile », se dit alors la ministre.

Au bout de quelques mois, ses collègues la jugent « un peu bizarre », avec son cheveu sur la langue et ses tuniques sombres à mitaines qui la font parfois passer pour une adolescente gothique.

(2) « Le palmarès des nouveaux députés », *Le Point*, 25 juillet 2003.

« Elle m'emmerde, elle veut aller trop vite »

La jeune députée agace aussi à cause de son impatience à gravir les échelons. À peine élue, elle milite déjà auprès de Jacques Chirac pour obtenir un portefeuille ministériel. La vie est courte, inutile de laisser le poids des ans lui peser sur les épaules avant de pouvoir vraiment agir. À la veille des élections régionales de mars 2004, son nom circule pour entrer au gouvernement sur son domaine de spécialité : l'écologie. Roselyne Bachelot doit être débarquée au lendemain du scrutin et, avec elle, sa secrétaire d'État, Tokia Saïfi, censée rejoindre le Parlement européen à l'issue des européennes de juin. Il est prévu de nommer Serge Lepeltier ministre de plein exercice et de lui adjoindre les services de la jeune Kosciusko. Les cartons sont prêts de part et d'autre quand Lepeltier, conscient de la capacité de sa cadette à prendre la lumière, s'oppose *in fine* à sa nomination. Il avait senti le danger en la voyant demander à ce que son secrétariat d'État soit rattaché au Premier ministre.

La députée de l'Essonne frappe une nouvelle fois à la porte du gouvernement au lendemain du référendum perdu sur le traité constitutionnel européen de 2005. Jacques Chirac décide alors d'appeler à Matignon Dominique de Villepin, en remplacement de Jean-Pierre Raffarin. L'homme du Poitou a été usé jusqu'à la corde, il est temps d'ouvrir une nouvelle phase du quinquennat. C'est l'heure des grandes manœuvres gouvernementales. Pendant plusieurs jours, le président de la République réunit autour de lui sa garde rapprochée à l'Élysée. Il décide finalement de remettre Nicolas Sarkozy au ministère de l'Intérieur comme ministre d'État, tout en lui laissant la présidence de l'UMP. Pendant cette période de latence, Kosciusko active ses réseaux. Son ami le sociologue Michel Maffesoli, proche de Dominique de Villepin, appuie sa candidature. L'insistance de la jeune députée finit presque par payer : le Premier ministre, avec le soutien de Claude Chirac, propose de nommer la jeune femme de 32 ans ministre de l'Écologie. Il se heurte au refus catégorique du président de la République.

— C'est parce que je suis enceinte, c'est ça ?, se plaint NKM auprès de l'écrivain corrézien Denis Tillinac.

L'ami de trente ans de Jacques Chirac tente d'intercéder en faveur de la jeune femme.

— Elle m'emmerde, elle veut aller trop vite, lui répond le chef de l'État.

Venant de Chirac le « bulldozer », ministre à 34 ans, Premier ministre à 41 et maire de Paris à 44, le reproche a de quoi surprendre. Mais celui qui n'est devenu président qu'à 62 ans, après deux tentatives avortées, a souffert de sa trop rapide exposition. Il fait siennes, sur le tard, les vertus de la patience.

— Il faut qu'ils prennent leur temps, répète-t-il

désormais à propos des jeunes pousses, Pécresse, Wauquiez et Kosciusko-Morizet.

Une femme enceinte à la tribune du Congrès

La jeune femme doit tout d'abord faire ses preuves au Palais Bourbon. Elle obtient de devenir rapporteuse d'un des textes les plus importants de la législature : la Charte de l'environnement. Le président de la République a décidé de faire de l'écologie l'un des axes majeurs de son mandat, poussé par sa fille Claude et l'animateur de télévision Nicolas Hulot.

— Notre maison brûle et nous regardons ailleurs, déclare-t-il lors du sommet de la Terre à Johannesburg, en septembre 2002. Son conseiller pour l'écologie, Stéphane Dupré la Tour, lui soumet l'idée de constitutionnaliser les droits de chacun en matière environnementale. Une commission est montée sous l'égide du paléontologue Yves Coppens, qui remet en 2004 un texte de douze articles axé autour de trois principes majeurs : la précaution, la prévention et le principe du pollueur-payeur. Kosciusko travaille alors à convaincre une majorité UMP rétive notamment face au principe de précaution, vu comme un frein à l'innovation. L'Élysée fait confiance à la jeune femme, qui s'est vite taillée à l'Assemblée une réputation de compétence en matière d'écologie. En compagnie de Valérie Pécresse, porte-parole du groupe UMP sur le texte, elle convainc de nombreux députés du bien-fondé du projet. Elle s'attire aussi l'inimitié de quelques élus de droite, plus conservateurs sur le sujet.

L'adhésion du Parlement est finalement apportée à l'issue d'un vote en Congrès à Versailles, le 28 février 2005, par 531 voix contre 23. Elle espérait l'unanimité, mais quelques récalcitrants sont venus troubler la fête. Pour parvenir à ce résultat, le président de la République a pesé de tout son poids politique.

— Je l'ai fait pour Jacques, assurent de nombreux parlementaires.

Nathalie Kosciusko-Morizet monte à la tribune du Congrès, enceinte de six mois et fière de son premier fait d'armes politique :

— Cette charte qui traite de l'environnement, c'est-à-dire rien moins que la question de notre survie, va s'imposer comme une référence mondiale.

Une future maman pour un texte censé protéger les prochaines générations : son amie du Gref, Marie-Claire Daveu, présente dans le public, applaudit le symbole.

Grâce à ce texte, NKM commence à capter l'attention des médias. Deux semaines plus tard, les lecteurs de *Paris Match* découvrent, sur une double-page du magazine, la jeune femme couchée sur un tapis de feuilles mortes. Deux bibles du XVIIe siècle ouvertes à ses pieds, une harpe en arrière-plan, elle pose la main sur son ventre rond et fixe le photographe de ses grands yeux noisette. Le rayon de soleil qui traverse la photo ferait presque passer la jeune femme pour une apparition mystique. Le journal titre : « Son premier bébé, c'est la politique ». Nathalie Kosciusko-Morizet inaugure ici une série « décalée » de portraits d'élus imaginée par l'hebdomadaire. Mais la séquence ne connaît pas de suites. Face aux railleries soulevées par ce premier cliché, tous les responsables politiques prévus préfèrent se décommander. La députée de l'Essonne, elle, est satisfaite du portrait. La photo renforce sa notoriété et contribue à imposer l'image d'une femme politique atypique. Elle offre aussi à la presse l'occasion de tester son dictionnaire des synonymes : nymphe, diaphane, botticellienne, séraphique, seront désormais les qualificatifs accolés à l'acronyme NKM.

6

De Chirac à Sarkozy

Les deux familles de la droite n'ont jamais été dans des positions si différentes. L'une, recluse à l'Élysée, entend sonner chaque heure le carillon des horloges, tourner le moteur des aspirateurs et guette le bruit des pas étouffés par la moquette de quelques rares visiteurs.

L'autre, sillonnant la France, s'enivre des clameurs de la foule réunie en meetings, sourit en vainqueur aux objectifs des photographes et s'active dans des réunions bruyantes où se dessinent les états-majors du règne à venir.

D'un côté, Jacques Chirac et le crépuscule du pouvoir. De l'autre, Nicolas Sarkozy et l'arrivée triomphante aux affaires. L'homme de la « rupture » ne s'est pas privé ces derniers mois de critiquer l'immobilisme de son probable prédécesseur, le comparant à Louis XVI démontant les serrures du château de Versailles alors que dehors le peuple gronde. Mais il est un cas sur lequel sarkozystes et chiraquiens se rejoignent : celui de Nathalie Kosciusko-Morizet.

La « bombe atomique » de l'encombrant M. Wiltzer

En ce début de campagne présidentielle, Nicolas Sarkozy ne montre pas d'intérêt pour le dernier tango de l'État Chirac, qui voit les anciens collaborateurs du Corrézien recasés dans les différentes administrations et établissements publics. Le temps des nominations à sa main viendra. En revanche, la question des investitures pour les élections législatives retient toute son attention. Au milieu du printemps, le candidat de l'UMP décroche son téléphone.

— Allô Frédéric ? Comment est-ce que vous voyez la situation ?

À l'autre bout du fil, Frédéric Salat-Baroux, secrétaire général de l'Élysée. Il est chargé de gérer les dossiers les plus sensibles de la fin de règne.

— J'ai parlé du problème au président, lui répond-il. Il est absolument formel, il m'a dit : "C'est une fille qui a beaucoup de talent, vous vous débrouillez, vous trouvez une solution".

Voilà Sarkozy rassuré. Les deux camps sont d'accord : il faut sauver la place à l'Assemblée nationale du soldat NKM, menacée par les velléités de retour de Pierre-André Wiltzer. Le même Wiltzer à qui elle doit ses cinq années passées au Palais Bourbon comme représentante de la 4e circonscription de l'Essonne. Celui à qui elle avait juré sa « loyauté » en s'engageant à lui céder sa place s'il la réclamait. En politique, « les promesses n'engagent que ceux qui les écoutent », rappelle l'adage de Henri Queuille.

Les règles sont claires : un suppléant n'a pas le droit de présenter sa candidature aux législatives contre le député sortant avec lequel il a été élu. Wiltzer détient l'arme nucléaire. Il peut, par la seule décision de se représenter, torpiller l'ascension politique de la jeune femme. Si Kosciusko est une députée estimée de ses pairs, sa notoriété est encore bien trop faible pour exister en dehors d'un mandat à l'Assemblée. Depuis 2002, Wiltzer réapparaît à intervalles irréguliers dans l'Essonne, donnant des sueurs froides à la jeune députée. Revenir, ne pas revenir... Débarqué du gouvernement en 2004 suite à la défaite des élections régionales, il ne dispose plus, à 66 ans, d'aucun mandat. Pas vraiment la fin de carrière qu'il s'était imaginé. Un poste à l'utilité contestée de Haut représentant pour la sécurité et la prévention des conflits avait été créé à son intention par l'Élysée.

Mais son mandat arrive aujourd'hui à terme. Il a bien tenté de se placer en position éligible pour les sénatoriales, sans succès. De temps à autre, l'encombrant M. Wiltzer se tient aux côtés de NKM pour une cérémonie de remise de prix ou une manifestation, toujours mystérieux sur ses intentions.

— Mais qu'est-ce qu'il fait ? Il veut revenir ou pas ? La jeune femme s'inquiète, et ses équipes commencent à envisager le scénario d'une exfiltration vers une autre circonscription.

— Elle met des cierges tous les jours pour que je ne revienne pas, constate Wiltzer à propos de son ancienne suppléante.

C'est à Frédéric Salat-Baroux que revient la charge de dénouer la situation. Le président de la République lui a donné toute latitude pour régler le problème. En bon « faiseur d'harmonie », comme il aime se décrire, il convoque Pierre-André Wiltzer dans son bureau et trouve les mots justes pour convaincre l'ancien élu de l'Essonne que sa place n'est plus en politique. Et puis, heureuse coïncidence, un poste de président de l'Agence française de développement l'attend, il serait dommage pour lui de ne pas saisir l'opportunité. Le problème Wiltzer écarté, Nathalie Kosciusko-Morizet va enfin pouvoir se faire élire sur son propre nom.

Peyrat l'entremetteur

Elle a beau savoir ce qu'elle doit à Jacques Chirac, la jeune ambitieuse ne souhaite pas non plus insulter l'avenir à l'aube de sa carrière. Très tôt au cours du quinquennat, elle a prêté allégeance à Nicolas Sarkozy. La députée se reconnaît en ce ministre si énergique et volontaire, dont elle partage l'ambition décomplexée et une certaine forme de franc-parler. Les styles diffèrent pourtant. C'est l'opposition entre la bourgeoisie traditionnelle et les nouveaux riches bling-bling, ces deux faces d'un même département, les Hauts-de-Seine, dont ils sont tous deux originaires. Son père, François Kosciusko-Morizet, connaît Sarkozy pour avoir siégé avec lui au Conseil général. Mais c'est un autre de ses proches, Jérôme Peyrat, qui va jouer un rôle décisif dans leur rapprochement.

L'ancien collaborateur de Jacques Chirac à la mairie de Paris, puis à l'Élysée, a été placé au poste de secrétaire national aux fédérations de l'UMP. À ce titre, il engloutit la carte des sous-préfectures du pays et se promène d'hôtels du cheval blanc en places de l'église. Cet énarque affable, élu du Périgord, affectionne le contact avec le terrain et le travail de l'ombre. Très tôt, il sent que Nicolas Sarkozy emporterait sans peine un scrutin interne à l'UMP. Peyrat glisse alors ses observations à son amie Nathalie Kosciusko-Morizet, avec laquelle il est resté proche depuis la campagne présidentielle de 2002. Alors que toute la droite ne s'est pas encore ralliée, Kosciusko fait le choix de soutenir dès 2004 Nicolas Sarkozy. Mais sa préférence s'exprime plus discrètement : il convient de ne pas trop se fâcher avec la chiraquie et, après tout, l'opinion d'une jeune députée de 31 ans n'intéresse pas grand monde. Au creux de l'été, elle s'enthousiasme sur France 2 :

— Nicolas Sarkozy est l'homme du moment pour l'UMP. Il a une grande légitimité, sa candidature est presque naturelle, il en a les qualités, la capacité à emporter l'adhésion. À l'époque ministre des finances, Sarkozy n'est pas encore candidat à la présidence du parti et la bataille fait rage avec les chiraquiens. Jean-Pierre Raffarin puis Michèle Alliot-Marie hésitent à se présenter au nom de la chiraquie. NKM, elle, a choisi son camp. Chantre en 2013 des primaires, elle ne se déclare alors pas très favorable à cette campagne interne, estimant qu'il faut « fédérer » les forces du parti autour de Sarkozy. En clair, se ranger sans broncher derrière le chef.

C'est chose faite le 28 novembre 2004, quand plus de 85 % des adhérents de l'UMP portent à la tête du parti de la majorité l'ancien rebut du RPR. Le président de la République l'a contraint à quitter Bercy, au nom d'une application très personnelle de la règle du non-cumul des mandats, mais Sarkozy savoure sa revanche. Aujourd'hui, la machine est sienne et il peut composer autour de lui une équipe fidèle. Jérôme Peyrat est promu directeur général du mouvement. Ce dernier souffle le nom de Nathalie Kosciusko-Morizet au nouveau président pour la faire apparaître dans l'organigramme comme secrétaire nationale à l'Écologie.

— C'est une fille sûre, le conforte Peyrat.

Pour le nouveau président de l'UMP, c'est le

moment de faire monter cette spécialiste de l'écologie. Les sondages l'indiquent : la prochaine présidentielle se jouera en grande partie sur ce thème. En la matière, sa probable adversaire socialiste, Ségolène Royal, ancienne ministre de l'Environnement, semble posséder quelques longueurs d'avance. Sous la houlette d'Emmanuelle Mignon, chargée des conventions thématiques du parti, Nathalie Kosciusko-Morizet a donc pour mission de muscler le discours écolo du futur candidat. Fin 2005, elle organise une grande convention sur l'écologie, pendant laquelle un Sarkozy ambitieux estime possible de résoudre « tous les problèmes » d'environnement en France « d'ici à une génération ».

« Je ne lis pas le mot corps »

Kosciusko tient à jouer un rôle important dans cette campagne et participe aux réunions de préparation du programme. C'est l'occasion pour Nicolas Sarkozy de voir à l'œuvre cette jeune femme qu'il juge brillante, mais parfois un peu déconnectée des réalités. Lors d'une réunion de finalisation du projet, où toutes les huiles de l'UMP sont amenées à prendre la parole, NKM se lève et dit :

— Je trouve que ce projet est très bien. Cependant, une chose me gêne : je suis surprise que le mot “corps” n'y apparaisse pas.

Silence embarrassé et toussotements dans l'assemblée. Le visage de Sarkozy se tord d'un rictus d'agacement.

— Oui, le corps, c'est important pour les Français, poursuit la jeune femme. Derrière, il y a la question de la santé, de la pratique du sport…

Le rapprochement avec le candidat s'affiche au grand jour à la veille du premier tour.

— T'as fait du cheval à Polytechnique ? lui demande-t-il.

Les voilà juchés sur leurs montures en Camargue, le 20 avril, sous l'œil d'une cinquantaine de journalistes cahotés dans une charrette tirée par un tracteur. Lui, tel un cow-boy, en jean et chemise écossaise, toutes ray-ban dehors, dans un numéro de communication virile. Elle, caution écologiste d'un déplacement sans véritable thème, tellement discrète dans sa chemise rouge qu'on oubliera sa présence sur cette célèbre image. Kosciusko savoure le moment, veut y voir un geste politique fort de la part du futur président de la République, le signe donné à deux jours du scrutin qu'il compte sur elle pour les années à venir. Elle ignore sans doute qu'à l'heure où le pouvoir est à portée de la main, Nicolas Sarkozy se plaît surtout à déstabiliser ceux de ses proches qui se sentiraient déjà installés dans leurs ministères, en feignant de faire monter des concurrents. Pendant l'entre-deux-tours, NKM appartient bien au cercle rapproché qui se rend avec le candidat en Corse pour préparer le débat télévisé contre Ségolène Royal. Là, sous le soleil de Porto-Vecchio, elle délivre quelques conseils au favori des sondages sur les questions d'environnement, entourée entre autres de Claude Guéant, François Fillon, Rachida Dati et Xavier Bertrand.

En cinq ans, la jeune ambitieuse est parvenue à passer en douceur de Jacques Chirac à Nicolas Sarkozy et ne s'est, en apparence, fâchée avec personne. En apparence seulement... Quelques années plus tard, à l'heure de publier ses mémoires[3], Jérôme Monod, fidèle chiraquien et ami de Wiltzer, dressera un portrait aigre-doux de cette jeune femme qu'il a lancée en politique. Il écrit : « Après une photographie flatteuse de type *Gala*, dans une longue robe blanche, allongée au bord d'une rivière au milieu des arbres, telle une Ophélie écologique, ses cheveux blonds cendrés noués, elle se révèle telle qu'elle est : un peu narcissique, ambitieuse, sûre d'elle-même, brillante, politique avec une tendance marquée à l'opportunisme, toujours préoccupée de son image et de sa carrière. Bonne camarade pour qui fait partie de son clan, elle représente la compétence même, ce qui est agaçant pour les autres, mais précieux pour le pays. »

(3) *Les vagues du temps, mémoires, Jérôme Monod,* Fayard, 2009.

7
Les cent vies de « Monsieur NKM »

Vu de loin, un village français ressemble presque toujours à un horizon déchiré par le campanile d'une église. À Longpont-sur-Orge, commune de l'Essonne de 6 500 âmes, la basilique construite au cœur de la ville s'étale en largeur sans qu'aucun clocher ne perce l'azur. En cette belle journée de l'été 2003, les cloches de l'église sonnent la volée. Les convives, tout de queues-de-pie et de chapeaux vêtus, applaudissent. Voilà les mariés, Nathalie Kosciusko-Morizet, 30 ans, et Jean-Pierre Philippe, 47 ans, qui descendent les rejoindre sur le parvis. En face du portail surmonté de la scène de l'Assomption de la Vierge Marie, le couple Veil, Antoine et Simone, congratule les nouveaux époux. Le sociologue Michel Maffesoli, témoin du marié, peine à masquer son émotion ; Jérôme Peyrat, complice politique de la mariée, admire la scène. Jacques Attali et plusieurs jeunes députés comptent également parmi les invités et il se murmure que le Premier ministre, Jean-Pierre Raffarin, pourrait faire une apparition. Seul Pierre-André Wiltzer représente finalement le gouvernement.

« De socialiste, il est tombé amoureux »

Avec ce mariage, Jean-Pierre Philippe tourne une nouvelle page de sa vie. Quand il a rencontré sa future épouse, cet homme jovial au crâne dégarni avait déjà derrière lui un divorce, trois enfants et une longue carrière professionnelle. Il mettra son expérience et ses réseaux au profit de la carrière de Nathalie Kosciusko-Morizet.

Diplômé de Sciences Po et de l'Ena à la fin des années 1980, il mène de front pendant une quinzaine d'années un parcours de haut fonctionnaire et un engagement politique à gauche. Chef de cabinet du président du groupe PS à l'Assemblée nationale, Louis Mermaz, il est parachuté en Isère dans la commune de Villefontaine pour les élections municipales de 1989. Cette ville nouvelle d'une dizaine de milliers d'habitants a été créée trois ans plus tôt. Tel un champignon de béton, elle a poussé en quelques rapides coups de pelles à la place d'un petit village et attiré des populations venues de la banlieue lyonnaise. Brillant, « portant beau » selon les observateurs locaux, avec ses costumes finement taillés et ses manières avenantes,

Jean-Pierre Philippe se fait élire maire à 33 ans avec l'étiquette du Parti socialiste.

En parallèle, « JPP » comme on le surnomme déjà, est nommé représentant permanent adjoint de la France auprès du GATT, l'ancêtre de l'OMC. Installé à Genève, il effectue de nombreux allers-retours entre Paris et la Suisse, fréquente les arcanes du commerce international, mène l'existence exaltante de ces années 1990 insouciantes qui n'ont pas encore traversé la crise asiatique. Il s'investit dans la vie interne du PS aux côtés de jeunes ambitieux comme Manuel Valls ou Pierre Moscovici, prend goût aux batailles des motions, siège au Conseil national du parti.

Mais aux yeux de nombreux élus de l'Isère, l'énarque néglige trop Villefontaine. Ils le soupçonnent de ne voir en sa ville qu'un tremplin pour ses ambitions nationales. Ces édiles, pour la plupart ruraux, le jugent absent et s'estiment traités avec morgue par cet intellectuel venu de la capitale. Il perd dès le premier tour aux législatives de 1993, devancé par le FN et l'UDF. Deux ans plus tard, il doit affronter la candidature dissidente de son premier adjoint aux municipales de 1995. Persuadé qu'un accord pourra se nouer entre les deux tours, il s'avance avec confiance vers le scrutin.

Les journalistes locaux regardent d'un œil sceptique sa campagne éclair, « à la parisienne », durant laquelle la venue de quelques ténors du PS – dont Mermaz – est censée pallier une faible présence sur le terrain. Les conférences de presse sont organisées dans son appartement où traînent sur le sol quelques jouets négligemment posés... Une manière grossière, persiflent certains, de cacher le fait qu'il n'habite pas réellement les lieux. Au soir du premier tour, son ancien adjoint choisit de se maintenir dans une triangulaire qui aboutit à la victoire du candidat de droite. Jean-Pierre Philippe s'incline pour trois voix, un épisode difficile à digérer.

Pour rebondir, il s'envole en direction de Varsovie où il devient conseiller économique et commercial à l'ambassade de France. C'est là qu'il fait la rencontre d'une jeune stagiaire venue de l'École des eaux et forêts pour une étude sur l'agriculture polonaise. Nathalie Kosciusko-Morizet a 24 ans. Deux destins se croisent. JPP, l'homme de gauche, tombe sous le charme de la jeune gaulliste.

À son retour de Pologne, il occupe le poste de directeur de cabinet de Jacques Dondoux, le secrétaire d'État au commerce extérieur de Lionel Jospin. Il passe en 2000 au ministère de l'Éducation nationale, comme conseiller spécial de Jack Lang. C'est là le dernier acte de son engagement professionnel à gauche. Jean-Pierre Philippe a décidé de tirer un trait sur ses ambitions politiques et de se mettre au service de la carrière de sa compagne. « De socialiste, il est tombé amoureux », résume son ami Michel Maffesoli.

Nathalie Kosciusko-Morizet assure que son mari a quitté le Parti socialiste en 1995, en même temps que la mairie de Villefontaine, avant leur rencontre donc. Pourtant, il s'est encore investi dans la vie du parti jusqu'à ce que son épouse devienne députée en 2002. En guise de baisser de rideau, il représente le PS en 2001 à l'occasion d'un comité de l'Internationale socialiste au Maroc, son pays natal. « C'est un homme qui aurait pu être ministre de François Hollande s'il avait continué », pronostique René Ricol, l'ancien médiateur du crédit, ami du couple. « Ils ne boxent pas dans la même catégorie. Elle a nettement plus de potentiel que lui », nuance un proche.

Toujours est-il que cet intime de Jacques Attali a beaucoup à apporter à son épouse. « Psychologiquement et politiquement, Jean-Pierre Philippe est un allié important. Ils font tout ensemble, ils forment un vrai couple politique », admire Camille Pascal, ancienne plume de Nicolas Sarkozy et ami de vacances. Par la discussion, il amène sa femme à structurer sa réflexion. Ces deux intellectuels prennent plaisir à entendre chez l'autre un écho de leur propre pensée. Il lui conseille certaines lectures, lui fait rencontrer les sociologues Edgar Morin et Michel Maffesoli. « Ce couple a une forte capacité d'indignation, ce sont des révoltés, des idéalistes », assure l'un de leurs amis. « Il est celui qui me connaît le mieux », confie même un jour la pudique Nathalie Kosciusko-Morizet sur un plateau de télévision.

Écrivain à ses heures perdues

Jean-Pierre Philippe décide de passer de la vie publique à celle des affaires. En 2003, il intègre la direction d'EADS, où il occupe différents postes à hautes responsabilités. C'est l'époque où l'entreprise aéronautique se retrouve au cœur d'une lutte d'influences dans le cadre de l'affaire Clearstream. Il connaît bien deux des principaux protagonistes du conflit, l'informaticien Imad Lahoud et le vice-président du groupe Jean-Louis Gergorin. « JPP » sera amené à témoigner dans le cadre de l'enquête.

À la rentrée 2007, Jean-Pierre Philippe se lance dans le conseil en entreprises. Il s'investit davantage dans la carrière de sa femme, retrouvant avec les cabinets ministériels un univers qui lui est familier. Conseiller politique officieux, il assiste son épouse pendant les cinq années de sa présence au gouvernement.

À ses heures perdues, il se plaît également à prendre la plume. Jean-Pierre Philippe publie son premier roman en avril 2008, *Autour d'Elvire*, dédié à « une princesse des petits matins » qui n'est autre que Nathalie Kosciusko-Morizet. L'histoire d'un journaliste en instance de divorce tombant amoureux d'une nouvelle femme. Le résultat ne retient pas l'attention de la critique. « C'est plutôt un homme de l'oral », pardonne avec douceur Michel Maffesoli.

C'est vers Philippe-Michel Thibault, éditeur chez Panama et ancien comme lui du cabinet Dondoux, qu'il se tourne en 2008 pour publier *Ou c kon va com ça ?* Dans cet essai de réflexion sur le discours politique, il questionne la frontière gauche-droite et adresse ça et là de petites attaques contre la politique de Nicolas Sarkozy[(4)]. Mais le livre, potentiellement gênant pour son épouse, tombe entre les mains d'un conseiller de NKM. « Il y avait des critiques un peu datées, le contexte avait changé », euphémise ce dernier. « Ce truc ne me semblait pas être d'une veine très publiable, tranche », vachard, un autre conseiller. Le livre ne sortira jamais, de quoi assurer la tranquillité de la ministre. Et puis, autant ne pas faire de vagues alors qu'une collègue de votre femme, Valérie Pécresse en l'occurence, vient de vous confier une mission sur « la place de la formation tout au long de la vie ».

Car Jean-Pierre Philippe ne craint plus désormais de dépasser le clivage gauche-droite. En cette même année 2008, il se présente en tête d'une liste soutenue par l'UMP pour les élections municipales à Longpont-sur-Orge. Depuis cinq ans, il habite avec Nathalie Kosciusko-Morizet dans cette petite ville distante de quelques kilomètres de Longjumeau qui sert d'étape aux marcheurs de Saint-Jacques de Compostelle. Jamais la droite n'a été battue ici. Face à « JPP », une liste dissidente se présente. Et, déjà, les mêmes repro-

(4) « NKM taille la plume de son mari », Bakchich, 28 décembre 2009.

ches qu'à Villefontaine refont surface. La presse se plaint de ses humeurs changeantes. Désireux de contrôler son image, il rechigne souvent à prendre la pose pour les photographes. Son attitude est jugée parfois arrogante. « Il n'est pas fait pour ça, estime Olivier Thomas, opposant PS de son épouse pour les législatives. Il est arrivé sur le mode "je fais de la politique nationale, je vais vous expliquer la vie". C'était suffisant. »

Un point de vue partagé par le curé de la paroisse, le père Frédéric Gatineau : « Il espérait gagner du simple fait d'être le mari de sa femme. Il a même fait venir Jean-Pierre Raffarin pour le soutenir, c'était un peu ridicule. » La campagne vire au fiasco. Les deux listes de droite en viennent aux mains sur la place de la mairie, et la gauche l'emporte au terme d'une triangulaire. Les élections ne sont décidément pas faites pour Jean-Pierre Philippe.

8
Une secrétaire d'État « qui en a »

Ce 9 avril 2008, il règne dans le petit bureau de Nathalie Kosciusko-Morizet une agitation inhabituelle. La pièce ne paie pas de mine : le mobilier en bois verni semble provenir d'une enseigne de meubles suédoise, et deux mauvaises copies de toiles de maîtres sont accrochées aux murs. Les membres du cabinet ont tous été réunis et enjoints à éteindre leurs téléphones portables pour échapper aux sollicitations des journalistes. Les messages s'accumulent en un flot ininterrompu dans les boîtes mails. Chacun murmure dans son coin, inquiet, comme si un séisme venait de frapper le ministère et qu'une réplique se faisait attendre. Soudain, un téléphone sonne. La secrétaire d'État à l'écologie décroche : c'est François Fillon.

— Il faut à tout prix que tu fasses un communiqué pour présenter tes excuses, et ne vient pas aux questions au gouvernement cet après-midi, tu vas avoir des problèmes avec la majorité.

En effet, les députés UMP sont fous de rage.

Depuis la fin de la matinée, l'édition du jour du *Monde* circule dans tout Paris. En Une, Nathalie Kosciusko-Morizet y dénonce « le concours de lâcheté et d'inélégance » entretenu par son ministre de tutelle, Jean-Louis Borloo, et Jean-François Copé, chef du groupe parlementaire de l'UMP, autour du projet de loi limitant la culture des OGM. La déclaration provoque un tollé à droite. Le communiqué effectue plusieurs allers-retours entre l'équipe de NKM et Matignon, Fillon estimant le repentir trop timoré. Elle, sûre de son fait sur le fond, reconnaît tout juste avoir négligé la forme.

« On a le vent dans le dos »

Les choses avaient pourtant si bien commencé. C'est une Nathalie Kosciusko-Morizet soulagée qui apprend en juin 2007 sa nomination comme secrétaire d'État chargée de l'écologie. Nicolas Sarkozy lui avait refusé un maroquin dans le premier gouvernement Fillon, faute de place dans son équipe resserrée à quinze ministres. Certaines femmes, comme Michèle Alliot-Marie, Roselyne Bachelot, Rachida Dati ou Christine Lagarde passaient en priorité pour assurer la parité. La jeune ambitieuse en était bien marrie. Déjà que Jacques Chirac lui avait refusé l'entrée au gouvernement en 2004, puis en 2005… Elle se pensait bien en cour après avoir bénéficié de plusieurs gestes d'attention de la part du futur chef de l'État pendant la campagne présidentielle. Elle obtient finalement gain de cause avec un sujet qu'elle maîtrise sur le bout des doigts et pour lequel sa compétence est reconnue.

Quand les caméras de France 2 suivent ses premiers jours de travail, Kosciusko joue les spécialistes.

— Comment sont les nappes phréatiques ? interroge-t-elle son ami Pascal Berteaud, directeur de l'eau au ministère, en pointant du stylo une carte de la situation hydrogéologique. Avec Jean-Louis Borloo, nommé le même jour qu'elle, la prise de contact est cordiale. Le nouveau ministre de l'Écologie, de l'Énergie, du Développement durable et de la Mer a l'esprit ailleurs. Bien sûr, il a grimpé dans l'ordre protocolaire, et est le seul ministre d'État. Bien sûr, il est à la tête de deux ministères et demi et s'occupe d'un des sujets prioritaires pour Nicolas Sarkozy, après la signature pendant la campagne du pacte écologique de Nicolas Hulot. Bien sûr, il devient presque à lui seul un État dans l'État. Mais Jean-Louis Borloo vit cette nomination comme un désaveu. Lui qui était le favori de l'opinion pour devenir le Premier ministre du nouveau président paie sa « bourde » de la campagne législative. Au soir du premier tour, l'ancien maire de Valenciennes avait reconnu dans un échange télévisé avec Laurent Fabius réfléchir à une augmention de la TVA pour freiner les délocalisations. Une mesure connue sous le nom de TVA sociale. À l'issue du second tour, une semaine plus tard, l'UMP estime avoir perdu une cinquantaine de sièges à cause de cette déclaration. Borloo récupère le poste d'Alain Juppé, battu à la surprise générale par Michèle Delaunay à Bordeaux. Il ne sera resté que trente-deux petits jours à la tête du « super-ministère » de l'Économie, des Finances et de l'Emploi, le portefeuille de ses rêves.

Contrairement au maire de Bordeaux, qui s'était pris de passion pour la question environnementale lors de son exil forcé au Québec, Borloo a peu d'appétence pour le sujet. La rénovation urbaine, le soutien aux entreprises, le social, voilà les spécialités d'un homme qui n'aime rien tant que de régler les problèmes concrets des gens. Les journalistes se font rapidement l'écho de sa mauvaise humeur.

— J'en ai marre, je sens bien que, dans ce gouvernement, je ne suis pas désiré, pas considéré. Il y a dix ans, je suis passé à la pompe, j'ai fait le plein, maintenant les caisses sont vides. Il faut que je repasse à la pompe[5], maugrée-t-il, envisageant un retour dans le privé.

Sa secrétaire d'État, elle, s'engouffre dans la brèche. Pendant l'été, elle monte en première ligne pour sauver l'ourse Franska, dévoreuse de brebis dont les bergers pyrénéens réclament la tête. Las, le

(5) « L'euphorie après le trou noir », *Le Point*, 30 août 2007.

plantigrade sera tué de deux coups de pares-chocs bien placés.

NKM profite aussi de sa liberté de mouvement pour effectuer la tournée des médias et annoncer le lancement du Grenelle de l'environnement, cette ambitieuse conférence sur le développement durable promise par Nicolas Sarkozy pendant la campagne. Des groupes préparatoires planchent depuis le 6 juillet en vue d'élaborer la grande concertation de l'automne entre l'État, les collectivités, les ONG, le patronat et les syndicats. Même les Verts participent. L'objectif final est d'aboutir à une quinzaine de projets engageant la France sur la voie d'une plus grande protection de la planète.

— On a le vent dans le dos, se félicitent les collaborateurs de la secrétaire d'État.

Borloo et NKM, l'eau et le feu

Mais l'état de grâce n'aura duré qu'un été. Jean-Louis Borloo réalise à la rentrée le potentiel du formidable outil dont il dispose. De retour d'un voyage au Groënland, il déclare sur France 2, main sur le cœur :

— Il n'y a pas de plus grand et de plus beau projet que celui de la défense de l'environnement.

Et répond aux critiques :

— Vous n'avez qu'à demander à ceux qui étaient avec moi au pôle Nord avant-hier si j'avais la tête de quelqu'un qui déprime !

Nathalie Kosciusko-Morizet se voit maintenant concurrencée par un Borloo regonflé à bloc. « Pendant qu'il faisait la gueule, NKM pensait incarner toute seule le Grenelle. Puis il revient et dit : Le Grenelle, c'est moi ! Et là, les choses commencent à se tendre... », résume le climatologue Jean Jouzel, alors président d'un groupe de travail sur le changement climatique.

La politique est un métier d'avocats, et Jean-Louis Borloo compte parmi les plus doués qui soient. En habile rhéteur, il parvient à s'imposer dans le débat sur tous les dossiers, mêmes les plus techniques. Quitte parfois à en négliger la complexité et à laisser tomber le sujet une fois sa plaidoirie achevée. « C'est un type brillantissime : vous lui filez un dossier, il le bosse tout le week-end et il vous le ressort le lundi encore plus brillant que vous ne l'imaginiez, explique un de ses proches collaborateurs. Mais, pour lui, ce qui est dit est fait, il n'enclenche pas les sujets ensuite. On s'est engueulé pas mal de fois à ce sujet. »

Ce mode de fonctionnement irrite au plus haut point Nathalie Kosciusko-Morizet, plutôt technicienne et bûcheuse, du genre à se battre des heures sur un alinéa. Elle s'emporte en privé contre ce ministre de tutelle dilletante. En Conseil des ministres, elle échange avec Dominique Bussereau, secrétaire d'État aux Transports, des sourires entendus lors des envolées lyriques de son supérieur hiérarchique. Borloo réplique avec quelques mesquineries. En octobre

2007, invoquant le bilan carbone d'un trajet en avion, il tente d'imposer à sa secrétaire d'État une nuit en ferry pour se rendre au Conseil des ministres délocalisé en Corse. « Borloo et NKM, c'est l'eau et le feu, résume un proche de Nicolas Sarkozy. Il est sale, elle est propre. Il est bordélique, elle est organisée. Il est intuitif, elle est mécanique. »

Le détonateur OGM

C'est avec le projet de loi sur les organismes génétiquement modifiés, volontairement présenté en-dehors du Grenelle pour ne pas polluer les discussions au Parlement, que se cristallise cette mésentente. Début janvier 2008, José Bové s'installe avec seize camarades dans un squat rue de la Banque, à Paris, et entame une grève de la faim. Cela fait plusieurs mois que l'activiste moustachu est en contact avec la secrétaire d'État pour réclamer une clause de sauvegarde sur les OGM. Les deux se connaissent bien, ils fréquentent les mêmes plateaux de télévision et colloques. Face aux blocages qu'il sent poindre sur le sujet, Bové a décidé d'entreprendre une action coup de poing. Avec sa troupe de militants, il marche en direction du ministère de l'Écologie, encadré d'un cordon de CRS. NKM arrive dans sa voiture de fonction, descend, traverse la rangée de policiers, échange avec naturel une bise avec le paysan du Larzac, puis l'invite à monter dans son bureau accompagné de sa délégation. De la part d'une ministre de droite, ce genre de familiarité avec un leader altermondialiste passe mal.

— Nous fûmes troublés lorsque la bise fut venue, ironise le député UMP Michel Raison. Lors d'un petit déjeuner de la majorité à Matignon, Bernard Accoyer, le président de l'Assemblée nationale, s'en prend vivement à Nathalie Kosciusko-Morizet, lui reprochant son soutien à l'ancien porte-parole de la Confédération paysanne. Mais c'est au moment du vote de la loi en avril que les tensions les plus vives surgissent. L'UMP, en minorité dans l'hémicycle et traversée par des divisions, assiste impuissante à l'adoption de plusieurs amendements. Celui du communiste André Chassaigne, qui vise à protéger « les zones de productions de qualité sans OGM », est voté alors que Nathalie Kosciusko-Morizet, représentant le gouvernement, s'en était remise à la « sagesse de l'Assemblée ». Une manière tacite d'approuver la proposition. « Courageusement, Jean-Louis Borloo avait préféré partir aux toilettes à ce moment-là plutôt que d'expliquer la position du gouvernement », cingle un collaborateur de la secrétaire d'État.

L'affaire provoque des remous à droite. « L'amendement Chassaigne n'aurait pas dû être voté »,

(6) « OGM : Kosciusko-Morizet seule contre tous à l'Assemblée », Marc Vignaud, lepoint.fr, 8 avril 2008.

assure François Fillon. Jean-Louis Borloo approuve et Michel Barnier, ministre de l'Agriculture, se félicite de ce « qu'il y ait une parole du gouvernement unique, vraiment unique ». Kosciusko est lâchée en rase campagne par tous ses camarades. Interrogée sur le site du *Point*[6], elle dénonce « une cabale organisée par le président du groupe UMP », Jean-François Copé. Mais c'est sa charge du lendemain, dans laquelle elle s'attaque également à son ministre de tutelle, qui va marquer les esprits. Dans *Le Monde*, elle dénonce « le concours de lâcheté et d'inélégance » engagé entre Borloo et Copé[7]. Selon elle, le premier « se contente d'assurer le minimum », quand le second « essaie de détourner l'attention pour masquer ses propres difficultés au sein du groupe ». Puis elle confie, amère :

— J'en ai marre d'être confrontée à une armée de lâches. Manifestement, Copé n'arrive pas à tenir le groupe. Quant à Jean-Louis Borloo, j'attends avec impatience qu'il vienne exprimer la "parole unique" du gouvernement dans l'Hémicycle. Quand il veut, il vient.

La séquence se révèle d'une rare violence de par la virulence des propos échangés. François Fillon se verrait bien débarquer la jeune provocatrice du gouvernement dès la première occasion venue. Le président de la République, lui non plus, n'approuve pas la

(7) « OGM : Mme Kosciusko-Morizet dénonce un "concours de lâcheté" dans la majorité », Gaëlle Dupont et Patrick Roger, *Le Monde*, 9 avril 2008.

sortie de la jeune femme, mais il ne fait pas grand cas de l'épisode. Les bisbilles entre ses ministres l'indifféreraient presque.

L'événement marque un moment fondateur dans le rapport de Nathalie Kosciusko-Morizet à l'opinion publique. « Elle a montré qu'elle avait de l'amour propre et qu'elle n'était pas prête à se faire marcher sur les pieds », observe son voisin dans l'hémicycle, Patrick Balkany. L'acronyme « NKM » fait une entrée remarquée dans les sondages de popularité. L'image d'une politique « couillue » commence à s'installer. Elle-même n'hésitera pas un peu plus tard à communiquer autour de cette idée. « Lorsque, au printemps de 2008, j'ai exprimé un peu imprudemment mon point de vue à l'occasion du débat parlementaire sur les organismes génétiquement modifiés (OGM), j'ai reçu beaucoup de lettres ou de courriels, qui m'ont touchée. (...) Quelqu'un avait également envoyé un message à mon père, dans sa mairie, pour lui expliquer que sa fille, je cite de mémoire, "en avait" », écrira-t-elle dans l'un de ses livres[(8)].

Contrairement à Rama Yade ou Fadela Amara, dont les pas de côtés les déporteront sur la touche, NKM, elle, parvient à exister dans l'opinion sans perdre la confiance du président. En revanche, l'affaire

(8) *Tu viens ?*, Nathalie Kosciusko-Morizet, Gallimard, 2009.

rend irrespirable la coexistence avec Jean-Louis Borloo, qui se répand dans la presse en propos peu amènes.

— On la pense polytechnicienne techno, elle est timbrée. On la croit "fille de", elle se vit comme une orpheline », explique–t-il au *Point*[9]. Leur collaboration sera heureusement de courte durée.

(9) « NKM se dévoile », Anna Cabana, *Le Point*, 15 octobre 2009.

9

Au « purgatoire doré »

— Il faut m'en débarrasser !

Depuis plusieurs mois déjà, Jean-Louis Borloo n'a de cesse de demander à Nicolas Sarkozy la tête de sa secrétaire d'État. Il ne peut plus souffrir cette jeune impudente qui, non contente de l'avoir accusé dans la presse de faire preuve d'« inélégance » et de « lâcheté », revendique en privé la paternité du Grenelle. NKM, elle, croit l'épisode oublié, et continue à se rêver ministre de plein exercice. Las, le 15 janvier 2009, c'est avec dépit qu'elle apprend sa nomination au secrétariat d'État à la Prospective et à l'Économie numérique, laissé libre par Éric Besson. Un portefeuille sans administration et rattaché au Premier ministre. Certes, elle grimpe dans l'ordre protocolaire, mais le choc est rude. Elle sait n'avoir été qu'un pion utilisé par Nicolas Sarkozy dans une partie d'échecs qui la dépasse : le villiériste Bruno Retailleau devait occuper le poste, mais Philippe de Villiers lui-même s'est opposé à cette nomination. En déplaçant Kosciusko à la Prospective, le président satisfait à la fois Borloo et l'homme fort de Vendée. La principale intéressée n'a été informée de ce remaniement que la veille au soir. Devant les journalistes, elle fait mine de se satisfaire de cette « promotion ». Depuis des mois, de nombreux responsables de la majorité réclamaient sa tête. Le pire aurait été l'éviction du gouvernement.

Vexée, elle rumine pendant quelques semaines ce camouflet. Puis décide de faire de ce « purgatoire doré », comme le surnomment ses collaborateurs, un véritable camp retranché pour reconquérir le cœur du président. Nicolas Sarkozy aime les tests. Cette stagnation sur l'échiquier gouvernemental a tout d'une mise à l'épreuve. Pendant deux ans, elle va tâcher de démontrer sa capacité à rebondir.

Dans le cadre de son opération séduction du président de la République, Nathalie Kosciusko-Morizet dispose d'une arme discrète. Elle consiste à arroser le château de notes, comme autant de mots doux où le vocabulaire « techno » tient lieu de langage amoureux. Ces textes de quelques pages, écrits sur du papier à en-tête du ministère, sont destinés à nourrir la réflexion du « PR ». La plupart du temps, un conseiller se charge de produire la note, mais il lui arrive parfois de prendre la plume elle-même. Un coursier porte ensuite la missive. Bien souvent, sa directrice de cabinet, Marie-Claire Daveu, remet la note en mains propres aux conseillers du président, avec l'assurance d'être lue. Tous les sujets sont abordés, en particulier ceux relevant de ministères sur lesquels elle a des vues : Santé, Éducation nationale et Défense. Qu'importe que l'usage soit pour un ministre de se cantonner à son périmètre, la jeune femme se sent à l'étroit dans son costume de secrétaire d'État et tient à le faire savoir. Tant pis si les collègues du gouvernement en prennent ombrage. « Ce que déteste Sarkozy, c'est quand les gens ne bougent pas. Qu'ils ne respectent pas les formes, il s'en fiche », résume Alain Minc, alors visiteur du soir du chef de l'État.

La prospective est une notion suffisamment floue pour s'emparer de tous les thèmes à la fois. Jeunesse, environnement, politiques sociales : la jeune femme ne fait aucune impasse. Elle commande des rapports à la pelle au Conseil d'analyse stratégique (CAS), l'ancien Commissariat général au Plan, qui dépend de son ministère. De la sortie de crise au déclassement social en passant par le télétravail, Kosciusko s'efforce de mettre en lumière des sujets grand public et vendeurs auprès de l'opinion. Quitte à travailler, autant que les Français puissent le voir. Avec le président du CAS, René Sève, sérieux haut fonctionnaire, les débuts sont compliqués. « C'est une matheuse qui n'en a pas l'air car elle sort d'un milieu social élégant où il ne faut pas être ennuyeux, explique-t-il. Il est, du coup, difficile de parler de choses sérieuses, ou alors sur un ton original. J'ai la frustration de ne pas avoir pu bénéficier de son potentiel intellectuel. Il fallait toujours qu'elle trouve quelque chose d'ironique, de spirituel. » Pas assez actif à son goût, la secrétaire d'État tente de le faire débarquer pour y nommer Laurent Sorbier, un ami, ancien conseiller comme elle de Jean-Pierre Raffarin à Matignon. Mais François Fillon s'y oppose. Difficile de se détacher de la tutelle du Premier ministre.

Nathalie Kosciusko-Morizet s'entoure pour ce poste d'une équipe jeune, parfois inexpérimentée. « La mise en place a été rude, nous ne savions pas très bien ce qu'il fallait faire, ni comment, se souvient un conseiller. Nathalie n'était pas hyper "pédago" et m'a mis deux ou trois lattes pour des erreurs que j'ai commises. » La réputation d'exigence de la jeune secrétaire d'État fait rapidement le tour des ministères. « Mon pauvre, tu travailles avec Kosciusko, qu'est-ce que tu dois prendre… », s'entendent ainsi répéter ses collaborateurs. La ministre se révèle notamment obsédée par les tenues de ses ouailles. Avant un déplacement, il n'est pas rare qu'un membre du cabinet reçoive un texto de rappel à l'ordre : « Merci de vous raser et attention à la couleur de votre cravate ».

PKM et NKM

En décembre 2009, le secteur numérique se voit doté d'une allocation de 4,5 milliards d'euros dans le cadre du grand emprunt. Une somme importante pour un domaine ignoré lors du premier plan de relance du gouvernement. Même si NKM n'a pas grand-chose à voir avec cet arbitrage – l'Élysée et Matignon avaient fait de la question une priorité – le montant alloué renforce la position de la secrétaire d'État au numérique.

— C'est une responsabilité considérable. On dit que l'argent rend les hommes sexy, il rend aussi les femmes sexy, se félicite-t-elle, malicieuse, lors de ses vœux à la presse. Une partie de cette manne sera notamment investie dans le déploiement du très haut débit en France.

Les différents succès mis au crédit de la ministre n'empêchent pas son mandat d'être entaché par une polémique qui va la poursuivre du premier au dernier jour de son bail à l'hôtel de Broglie : l'accusation de conflit d'intérêts avec son petit frère, Pierre Kosciusko-Morizet, PDG et fondateur du site de vente en ligne PriceMinister. Ce cadet, doué pour les affaires, dont les traits juvéniles sont à peine vieillis par une fine barbe rousse, ne s'est logiquement pas arrêté de travailler le jour de la prise de fonction de sa sœur à l'économie numérique. Diplômé de HEC – quand toute la famille ne jure que par les sciences dures – en 2000, il a fondé, à 23 ans, cette start-up qui, en quelques années, s'est imposée parmi les leaders français du commerce sur internet. Comme la plupart des surdoués du web, il s'est investi dans la défense de son outil de travail en devenant président de l'Acsel, l'association pour le commerce et les services en ligne. Il est amené à traiter au quotidien avec les pouvoirs publics. Avec sa sœur, donc. Afin de prévenir toute accusation de conflit d'intérêts, PKM et NKM, les deux enfants les plus proches de la fratrie Kosciusko, ne vont pas se croiser une seule fois en deux ans dans le cadre de leurs activités professionnelles. Cela ne facilite pas la tâche de l'aînée, mais permet de taire les soupçons.

Un livre qui brouille les pistes

Une traversée du désert, aussi relative soit-elle pour une secrétaire d'État de 36 ans simplement freinée dans son élan, représente pour tout politique l'occasion de garnir les étagères des librairies d'un ouvrage de réflexion sur la France, le monde, le devenir de l'humanité et surtout sur lui-même. C'est dans cette optique que Kosciusko publie à l'automne 2009 *Tu viens ?*. Elle charge sa « plume » au ministère, Jean-François Pradeau, un agrégé de philosophie spécialiste de Platon et de Plotin, de le rédiger. Pendant des mois, elle lui transmet des notes, lui indique le sens du propos qu'elle souhaite développer, fait réfléchir ses équipes, échange avec des intellectuels. Elle reprend le manuscrit de sa main par endroits. Le titre de travail, *Antigone*, en référence à l'héroïne rebelle de la mythologie grecque, est abandonné peu avant la publication. Trop prétentieux, et puis il ne faudrait pas que l'on s'interroge sur l'identité de son Créon, celui par qui l'ordre injuste mais légitime de l'État lui est imposé. C'est lors d'un dîner, autour d'une bouteille de vin, que le titre est finalement trouvé.

— Il nous faut quelque chose de racoleur, suggère un conseiller.

— Pourquoi ne pas faire comme les prostituées avec leurs clients dans la rue : “tu montes ? ”, propose, blagueuse, NKM.

Éclats de rire dans l'assistance. L'idée est retenue.

Le résultat, classique sur la forme, surprenant sur le fond, est un mélange de réflexions sur la place des femmes en politique, l'écologie, le numérique et le rôle de l'État, le tout mêlé de quelques souvenirs intimes. NKM « l'enfant de la crise », qui a « assisté à la disparition des grands rêves politiques », s'amuse à brouiller les pistes. Dans l'air du temps des critiques à l'encontre du système financier, elle déclare caduque « l'époque de la quantité – celle du profit et de la possession, de l'accumulation des produits et du culte de la dépense ». On est loin du « travailler plus pour gagner plus » qui avait valu la victoire de son candidat en 2007. « J'avoue avoir un goût prononcé pour certains des slogans "rouges" ou "alter" que je découvre sur les murs de la ville, poursuit-elle. Celui-ci par exemple : "le monde n'est pas une marchandise", ou cet autre : "nos vies valent plus que leurs profits" ».

Elle révèle également dans le livre des aspects inconnus de sa personnalité qu'elle partage – oh coïncidence ! – avec un certain Nicolas Sarkozy. « Je suis plutôt affligée d'une hypermnésie pesante, qui me porte non seulement à conserver la plupart de mes souvenirs, mais également ceux des autres, comme si rien ne devait être oublié (...) Les hypermnésiques et les prophétiques ont en commun de mal s'accommoder du présent, dans lequel ils ne voient spontanément que les signes du passé et de l'avenir. » En toute modestie.

Un bébé au ministère

Ministère du Numérique oblige, elle assure sa présence sur les réseaux sociaux. C'est via Facebook qu'elle choisit en avril 2009 d'annoncer sa deuxième grossesse. « Par définition ces choses se voient de plus en plus avec le temps, écrit-elle. Et je ne pouvais pas le taire bien plus longtemps. Alors voilà, c'est vrai, je suis enceinte. Mon mari et moi sommes très heureux. J'accoucherai cet été. » À la naissance de Louis-Abel, petit frère de Pierre-Elie, elle décide de mettre entre parenthèse ses activités gouvernementales pendant un petit mois. Ce n'est pas du niveau de Rachida Dati, qui ne s'était accordée que cinq jours de pause, mais cela reste court pour un congé maternité. La jeune femme se définit comme une féministe « universaliste », elle reconnaît les discriminations dont souffrent les femmes, mais ne souhaite pas en faire pour autant des poupées de porcelaine à manier avec précaution. « Je n'aime pas les discours entamés par un "Vous êtes une femme, vous êtes plus douce parce que vous portez les enfants, vous aimez la nature" »[(10)], explique t-elle.

À son retour au ministère, elle fait installer une nurserie à côté de son bureau et embauche une nounou pour s'occuper du bambin. Sa belle-mère, Andrée, s'installe avec la petite famille à Longpont et aide la secrétaire d'État dans l'éducation des enfants. Souvent prise par des émissions de radio le matin et des réunions tardives le soir, Kosciusko n'a que peu de temps à consacrer à ses fils. Dans les mois qui suivent, il lui arrive cependant de donner le sein dans son bureau face à certaines de ses visiteuses, surprises par tant de spontanéité.

(10) « *Nathalie Kosciusko-Morizet, talents aiguilles* », Philippe Trétiack, Elle, 22 mars 2012

10

Le retour en grâce

Perchée sur de vertigineux talons, Nathalie Kosciusko-Morizet arpente à pas décidés les pavés accidentés de l'hôtel de Roquelaure.

— Va-t-elle réussir à traverser la cour sans tomber ?

Les fonctionnaires du ministère du Développement durable observent la scène avec attention. Pantalon « cigarette » noir, veste cintrée, chignon coiffé-décoiffé : pour sa passation de pouvoir, la nouvelle ministre de l'Écologie a opté pour un look de femme active ultra-chic. En ce 14 novembre 2010, elle prend ses fonctions de ministre du Développement durable, des Transports et du Logement, à la place de Jean-Louis Borloo. Elle avait quitté le ministère en quasi-paria deux ans auparavant. Le retour en grâce n'a pas traîné. La voilà revenue au 246, boulevard Saint-Germain par la grande porte : ministre de plein exercice et numéro quatre du gouvernement. Il paraît déjà loin le temps où la secrétaire d'État frondeuse se faisait interdire l'accès aux bancs des ministres à l'Assemblée.

Avec Jean-Louis Borloo, la rivalité d'hier paraît enterrée. NKM raccompagne l'ancien maire de Valenciennes vers sa voiture. L'un comme l'autre se prêtent de bon cœur au jeu des effusions et des embrassades sous l'œil des caméras. Borloo semble faire désormais de François Fillon, qu'il comptait remplacer à Matignon, l'unique objet de son ressentiment. « Le plus souvent, j'ai accompli mes réformes malgré [lui]. Il fut presque toujours mon principal opposant », a-t-il même, la veille, dénoncé au *Monde*[11]. Aux journalistes venus assister à la passation de pouvoirs, Kosciusko explique avoir le sentiment « de rentrer à la maison ». Et pour cause, le « MDD », comme on l'appelle souvent, c'est « son » ministère. Le ministère technique par excellence, où son corps d'origine, celui des ingénieurs des Ponts, Eaux et Forêts, domine. « Dans cette administration, le fait d'être ingénieur crée une légitimité forte », confirme l'ancienne maire de Strasbourg, Fabienne Keller, également issue de ce corps. Depuis des mois, Nathalie Kosciusko-Morizet demandait à Nicolas Sarkozy et François Fillon de mieux l'« utiliser ». La voilà satisfaite.

---

(11) « Borloo : "Oui, je suis un drôle de zozo, je crois à ce que je fais" », Raphaëlle Bacqué, Le Monde, *16 novembre 2010.*

Des relations de travail « viriles mais saines »

— Je ne vous ferai jamais subir ce que Borloo m'a fait subir », jure-t-elle immédiatement aux deux secrétaires d'État dont elle assure la tutelle. Comprendre : vous aurez aussi droit à votre part de lumière. Comme preuve de sa bonne volonté, la ministre leur laisse le soin de composer entièrement leurs cabinets. Le vibrionnant Benoist Apparu, juppéiste de 41 ans, élu de la Marne, conserve son portefeuille du Logement, qu'il occupe depuis déjà plus d'un an. Thierry Mariani, lui, a la charge des Transports, un domaine auquel il ne connaît rien. Ce député du Vaucluse de 52 ans, fils d'artisans du bâtiment émigrés d'Italie, ne partage a priori pas l'ADN politique de sa ministre de tutelle. Il est le fondateur de la « Droite populaire », ce collectif franchouillard de députés UMP spécialisés dans les apéros « saucisson-pinard » et pour qui le Front national ne doit préempter aucun sujet. Malgré tout, leur collaboration se déroule presque sans heurts. « NKM peut avoir des réflexions cinglantes, des plaisanteries un peu cruelles. Elle faisait bien sentir à Mariani qu'ils ne venaient pas du même milieu », nuance un collaborateur du ministère.

Avec Benoist Apparu, la relation est « parfois virile mais saine », selon les mots du secrétaire d'État.

Quelques éclats de voix se font entendre lors des premières semaines de leur collaboration. On se raccroche le téléphone au nez plus que de raison, chacun cherchant à marquer son territoire. L'ambitieux Apparu ne compte pas se laisser tondre la laine sur le dos sur « ses » sujets par une femme de sa génération. « Elle connaissait bien l'écologie, sa majeure, un peu moins ses deux mineures : les transports et le logement, juge-t-il. Il y a eu quelques crêpages de chignons au début car j'étais déjà familier des dossiers. » Avec le temps, les relations se normalisent. La ministre choisit de se concentrer sur les questions liées à l'écologie. Le logement est un portefeuille qui présente plus de risques politiques que de gains. À Benoist Apparu la reprise des expulsions locatives, les SDF morts de froid dans la rue et la hausse des loyers ! La ministre, elle, s'occupe de ses sujets de prédilection. Elle tente de développer le parc solaire français, fait interdire la fracturation hydraulique dans l'extraction des gaz de schiste et poursuit la mise en œuvre du Grenelle de l'environnement, avec la fastidieuse sortie des décrets d'application. Difficile, en cette fin de mandat, de lancer de nouveaux dossiers quand il faut déjà mener à bien ceux qui sont en cours.

Les dîners de « Mme de Staël »

Elle profite de sa position d'influence au sein du gouvernement pour consolider son réseau. Les dîners avec les responsables d'ONG environnementales ou avec les industriels se succèdent. Serge Dassault, son voisin de l'Essonne, est reçu avec sa casquette de patron de Dassault aviations ; son ami Guillaume Pépy, PDG de la SCNF, a lui aussi un rond de serviette au ministère. Elle se rend dès qu'elle le peut au dîner du Siècle, cette réunion des puissants à l'Automobile club de France, où, chaque dernier mercredi du mois, elle croise nombre de ses collègues ou anciens collègues du gouvernement. Avec son amie Muriel Mayette, administratrice générale de la Comédie-Française, elle crée aussi une petite polémique parmi les sociétaires en organisant une réunion de son think tank ADN dans la salle du théâtre du Vieux-Colombier. ADN, pour Action Durable Novatrice, mêle politiques et représentants de la société civile et deviendra l'écurie présidentielle « la France droite ».

La ministre s'attache les services de Marie-Françoise Holtz, qui occupe le rôle de conseillère ès people. Rebaptisée « Framboise » par son ancien mari, le journaliste sportif Gérard Holtz, la communicante est une experte en relations publiques : elle a travaillé avec Richard Attias chez Publicis, et a fondé le trophée des femmes en or. Elle lui ouvre son carnet d'adresses et organise deux fois par mois des dîners VIP. De Fabrice Luchini à l'ancien ministre de la Culture Jean-Jacques Aillagon, en passant par le cinéaste roumain Radu Mihaileanu ou la dernière femme d'affaires en vue, les personnalités défilent dans le salon où la ministre reçoit avec Jean-Pierre Philippe. Point d'orgue du dîner : la visite des somptueux jardins de l'Hôtel de Roquelaure. NKM excelle dans son rôle d'hôtesse de luxe, au point de gagner le surnom de « Mme de Staël » chez certains de ses collaborateurs.

Au ministère, la moyenne d'âge est peu élevée et les membres du cabinet partagent une admiration inconditionnelle pour leur ministre. « Beaucoup d'entre eux se feraient couper un bras pour elle », observe un conseiller. Dans la bouche de sa directrice de cabinet, Marie-Claire Daveu, ou de sa conseillère presse, Anne Dorsemaine, un « Nathalie a dit » a valeur de parole d'Évangile. La ministre suscite l'admiration pour sa compétence, plus que l'affection. Pour galvaniser ses troupes, elle improvise parfois des discours exhortant ses « enfants » à ne pas relâcher leurs efforts.

— La politique, c'est un combat. Vous avez la possibilité de changer les choses. Si vous êtes là, c'est que je suis allée tracter, que je suis élue. N'oubliez jamais que si vous êtes proches du pouvoir, c'est qu'il y en a qui vont au combat.

Avec son équipe, elle se montre exigeante, parfois cassante. « Quand les gens l'agacent, elle peut être assez impolie, voire assez dure. C'est quelqu'un qui a une haute idée d'elle-même et qui ne tolère pas les imbéciles », raconte un collaborateur.

Ce trait de caractère se retrouve parfois dans ses rapports avec certains politiques, qui questionnent sa maturité. « Elle est parfois surprenante, avec elle on ne sait pas toujours si c'est du lard ou du cochon, relève son collègue au gouvernement, Georges Tron, élu de l'Essonne comme elle. Elle ne se rend pas compte qu'elle dit quelque chose d'incongru ou de blessant, c'est son côté spontanée. Il y a l'excuse de la jeunesse, mais c'est maladroit. » Un ancien ministre se souvient encore de la désinvolture avec laquelle il a été reçu boulevard Saint-Germain, son interlocutrice pianotant ostensiblement sur son téléphone portable sans lever la tête. « Le problème, quand votre carrière va vite, c'est qu'il faut acquérir la maturité relationnelle pour la gérer, excuse son ami, René Ricol. Nathalie, elle a parfois des fous rires quand il ne faut pas ou peut faire trop sérieuse quand ce n'est pas nécessaire. Mais, rentrer dans la peau d'un numéro quatre du gouvernement à 38 ans, ça demande quelques jours d'adaptation. »

Une ministre zélée

Grâce à cette position privilégiée, Kosciusko continue de se rapprocher de Nicolas Sarkozy. Plus que jamais, elle inonde le château de notes sur tous les sujets.

— On n'en peut plus, elle nous en envoie quinze par jour ! se plaignent certains conseillers de l'Élysée.

Elle accompagne Sarkozy dans son déplacement au Japon, trois semaines après la catastrophe de Fukushima. Le président est impressionné par sa gestion des retombées de la crise en France. Il est bluffé, aussi, par cette ministre polytechnicienne qui tente au cours du voyage en avion de lui expliquer le principe de la fission nucléaire. Fin janvier 2012, quand il annonce comme dernière grande mesure de son quinquennat une majoration de 30 % des droits à construire, elle redouble d'efforts pour faire adopter le texte par la majorité, organisant tous les soirs des réunions avec les parlementaires.

Plus significatif encore, elle reste muette lorsque Nicolas Sarkozy, devant une assemblée de chasseurs, critique certaines règles environnementales jugées trop « tatillonnes ». Le président va même jusqu'à promettre de « prendre un certain nombre de décisions pour relâcher la pression » sur les règlements de protection de l'environnement. Une attaque directe contre le Grenelle qu'elle préfère ne pas relever. Obtenir le poste de porte-parole de la campagne présidentielle est à ce prix.

11

Nathalie Kosciusko-Morizet, directrice ressources humaines

« L'esclave n'a qu'un maître ; l'ambitieux en a autant qu'il y a de gens utiles à sa fortune. »

La Bruyère, *Les caractères*

« Piston, n. m. : appui, protection, recommandation qui décide d'une nomination, d'un avancement. »

Le Petit Robert, édition 2000.

En ce début d'année 2008, pas facile pour Nathalie Kosciusko-Morizet de justifier son aide dans l'obtention par Bernard Nieuviaert d'un travail au ministère des Sports. Oui, la secrétaire d'État à l'Écologie a bien touché un mot à son collègue des Sports, Bernard Laporte, en faveur de l'actuel maire de Longjumeau. Non, cela n'a rien à voir avec le fait qu'elle soit candidate en lieu et place de Bernard Nieuviaert aux municipales de mars prochain. Ce n'est pas non plus pour se faire pardonner d'avoir privé le maire sortant du soutien de l'UMP, ni pour l'inciter à ne pas présenter une candidature dissidente, ou pour s'assurer son soutien. Bernard a "le profil" pour ce poste de chargé de mission Insertion par le sport, dit-elle, il dirige depuis cinq ans l'Agence de l'éducation par le sport. Mais les mauvaises langues sont si nombreuses dans une ville de 20 000 habitants... Certains ne se gênent pas pour accuser la ministre, et députée de la circonscription, d'être une adepte des manœuvres d'arrière-cuisines. « NKM passe pour une femme politique moderne. C'est en réalité la fille spirituelle de Charles Pasqua, elle a importé ses méthodes des Hauts-de-Seine, accuse son opposant dans l'Essonne, Olivier Thomas. Elle est prête à tout, et pense qu'elle peut acheter tout le monde. »

Pendant de longs mois, Bernard Nieuviaert croyait pouvoir postuler sans problème à sa propre succession. Cet homme un peu fruste, doté d'un sympathique embonpoint, avait pris en 2002 la suite de Pierre-André Wiltzer à la mairie, contraint de démissionner de son poste pour respecter la règle de non-cumul avec ses fonctions au gouvernement. De l'avis même de ses opposants, Bernard Nieuviaert « faisait le job » de manière honorable. Il était apprécié de ses administrés pour ses manières simples et sa proximité. Toujours présent au marché le samedi, au stade le dimanche, facile à tutoyer. Dans cette ville populaire de banlieue, mieux vaut ne pas se montrer trop collet-monté. L'Essonne fait partie de ces départements de la grande couronne qui ouvrent Paris sur la province et se cherchent une identité au gré des redécoupages administratifs. La figure du maire constitue un repère précieux dans une ville perçue plus souvent comme un dortoir que comme un lieu de vie à part entière.

Fin mai 2007, Bernard Nieuviaert annonce publiquement son intention de briguer un nouveau mandat, sur son nom propre cette fois. Quelques semaines plus tard, l'élu se rend au secrétariat d'État à l'Écologie pour rencontrer Nathalie Kosciusko-Morizet, responsable UMP de la circonscription. Il en ressort convaincu d'avoir le soutien de celle qui vient de faire son entrée au gouvernement. Mais le 1er août, l'édition locale du *Parisien* titre en grosses lettres sur « Les très lourdes dettes du maire de Longjumeau ». « Ne l'appelez plus maître » débute l'article, qui décrit avec précision les déboires financiers de Bernard Nieuviaert dans le cadre de son activité d'avocat. Coupable d'un passif d'environ un million d'euros auprès de l'Urssaf et du fisc, l'élu a été contraint de démissionner du barreau de l'Essonne. Il accumule depuis les années 1990 les impayés et son cabinet a été mis en liquidation judiciaire un an plus tôt. La rumeur concernant ses problèmes a gagné en écho ces dernières semaines au point d'arriver aux oreilles des journalistes. Et pour être sûr que la nouvelle soit connue du plus grand nombre en cette trêve estivale, l'édition du jour du *Parisien* a été distribuée par des mains anonymes dans de nombreuses boîtes aux lettres de la ville… Malgré la polémique, Bernard Nieuviaert maintient sa candidature.

Dès la rentrée, pourtant, sa majorité se fissure. L'UMP locale ne souhaite pas prendre le risque de perdre une mairie emportée de peu à la gauche en 2001. D'autant que le contexte national est morose pour la droite, plombée par l'impopularité de Nicolas Sarkozy. Une réflexion s'engage sur la candidature alternative à présenter. Très vite, la solution NKM s'impose. La mairie de Longjumeau ne figurait pas dans ses plans initiaux, mais il ne faudrait surtout pas que la plus grande commune de la circonscription passe à gauche, cela compromettrait ses chances de réélection aux législatives en 2012. À l'automne, Bernard Nieuviaert renonce à se présenter : « L'UMP m'a éjecté »(12) accuse-t-il. Le patron de la fédération UMP de l'Essonne, Georges Tron, se défend : « À aucun moment, je n'ai exercé de pression sur lui. Le chef de la 4e circonscription, ce n'est pas moi, c'est Nathalie Kosciusko-Morizet. Ce sera elle qui décidera. »(13) Au même moment, Nieuviaert rencontre à nouveau la secrétaire d'État. Il est d'accord pour lui passer la main mais, plombé par ses problèmes financiers, espère un geste en retour.

— Très bien, tu te présentes à ma place, mais je fais quoi, moi ?

(12) *Le Parisien*, 25 octobre 2007.
(13) *Ibid.*

— Je ne sais pas, Bernard, je ne suis pas l'ANPE, lui répond-elle agacée. Puis elle enchaîne, moqueuse : Tu sais que mon mari a créé une boîte de placement en entreprise, tu verras, on te trouvera bien un truc…

Un bulldozer sous les tenues vaporeuses

Nieuvaert mis sur la touche, Nathalie Kosciusko-Morizet peut, le 20 novembre, annoncer sa candidature. Après avoir gagné les législatives sur son nom en 2007, elle s'engage, à 34 ans, dans sa deuxième campagne électorale personnelle. Face à elle, le socialiste Jean-Claude Marquez estime déjà avoir gagné la partie. Ce fils d'ouvrier aux allures de golden boy, enfant des barres HLM des quartiers sud, se pense bien mieux implanté. La moitié des habitants de Longjumeau loge dans ces tours posées sur la butte au sud de la ville.

— Elle va se faire mettre dehors quand elle essaiera d'aller là-bas, se frotte-t-il déjà les mains.

Au début de la campagne, les deux candidats se croisent sur les marchés.

— C'est vous le grand favori des sondages ? demande NKM. Il faudrait qu'on se voie.

— Je vais vous battre, vous devriez vous retirer et vous occuper de votre députation, défie Marquez.

Pour cette campagne, la jeune femme s'est assurée le soutien de quelques personnalités locales influentes, responsables d'associations ou chefs d'entreprise. Déjouant le pronostic de son concurrent, la candidate se montre à l'aise lors de ses tractages dans les tours. Marquez constate avec une inquiétude croissante que son opposante serre des mains et distribue des tracts de 6 h 30 à 22 heures. Un bulldozer se cachait sous les tenues vaporeuses. « C'est une bête politique, elle est monstrueuse », admire-t-il. Au volant de la Fiat verte prêtée par sa belle-mère, elle accomplit tous les jours le trajet depuis son ministère ou sa maison de Longpont-sur-Orge. Parfois, elle dort même dans un appartement loué pour l'occasion sur Longjumeau.

Le retour surprise de Philippe Schmit

Début janvier 2008, un événement vient troubler la partie. Philippe Schmit, ancien maire PS de la commune entre 1989 et 2001, annonce sa candidature. La nouvelle provoque la stupeur de la gauche et la joie contenue de la droite. Schmit voue une haine tenace à Marquez, son ancien allié, qui avait présenté une candidature dissidente contre lui en 2001. Mais ce retour surprend : l'homme n'habite plus la commune depuis quatre ans et ne siège plus au Conseil municipal depuis trois ans. Il est parti travailler à Rambouillet, dans les Yvelines, comme directeur général des services de la communauté de communes, présidée par l'UMP Gérard Larcher. Réputé brillant, il a dirigé le mouvement des jeunes socialistes de l'Essonne dans les années 1980 et est devenu un temps l'attaché parlementaire de Jean-Luc Mélenchon. À tout juste 26 ans, il avait été élu maire de Longjumeau. Depuis, « il s'est noyé dans ses coups tactiques », selon les mots de son ancien camarade socialiste Olivier Thomas, maire de la commune voisine de Marcoussis. En conflit avec la direction du parti, Schmit a été exclu du PS au début des années 2000. Cette réapparition à la veille du scrutin semble en apparence toute entière destinée à faire perdre Jean-Claude Marquez. Il s'en défend, assurant être « le mieux placé pour faire barrage à Nathalie Kosciusko-Morizet ».

Un autre élément amplifie les doutes sur la réalité de ses motivations. Le 30 décembre 2007, il s'inscrit sur les listes électorales de Longjumeau, deux jours avant la limite légale. Peu après, le 4 janvier 2008, un décret est signé de la main de Jean-Louis Borloo, ministre de l'Écologie, et tutelle de Nathalie Kosciusko-Morizet, qui acte sa nomination comme inspecteur général de l'Équipement. La concomitance est troublante, d'autant que Schmit, « simple » juriste, ne correspond pas aux standarts habituels pour ce poste, en général réservé aux anciens directeurs d'administration méritants et aux énarques. Mais la promotion a été validée par une commission. Le 5 janvier, sur le plateau de l'émission de Laurent Ruquier, « On n'est pas couché », Nathalie Kosciusko-Morizet évoque la probable candidature de Philippe Schmit aux élections municipales. Candidature qui n'intervient finalement que le 8 janvier. Mécaniquement, les voix de la gauche vont être divisées, de quoi favoriser NKM.

L'affaire est révélée dans la presse une semaine plus tard. Pure coïncidence assurent Kosciusko et Schmit.

— Je postule sur ce genre de poste depuis des années[14], jure-t-il, expliquant n'avoir « aucun lien » avec la ministre.

— Ce genre de nomination dépend des Ponts et Chaussées et est décidée par un comité de sélection présidé par des ingénieurs, répond-elle. Je n'ai rien à voir là-dedans. Tout cela vise à nous démobiliser[15].

Schmit va plus loin pour la dédouaner :

— J'étais décidé à quitter les Yvelines, ça ne se passait plus très bien avec Gérard Larcher. Du fait de ses relations avec Borloo [il a été son secrétaire d'État entre 2004 et 2007, ndlr], il pouvait me faciliter la tâche. Il a passé les coups de fils qui vont bien.

Malgré ces dénégations, le soupçon plane désormais sur la sincérité du scrutin.

---

(14) *Le Parisien*, 16 janvier 2008.
(15) *Ibid.*

« Vous étiez très élégant ce soir »

« Et si je soutenais Marquez ? » Depuis qu'il a abandonné son poste de maire, Bernard Nieuviaert s'interroge. Lui et Jean-Claude Marquez sont amis depuis des années. Dans ce type d'élections locales, les considérations humaines comptent autant que les positionnements politiques. Nieuviaert assure désormais les affaires courantes à la mairie, et ne sait toujours pas de quoi son avenir sera fait. De plus en plus, l'élection se résume à un référendum pour ou contre Nathalie Kosciusko-Morizet, cette femme venue du « national » pour construire sa carrière. Il estime avoir été mal traité par la jeune ambitieuse au moment de son éviction. Kosciusko flaire le danger : le maire sortant divers droite qui appuie le candidat socialiste, l'initiative serait du plus mauvais effet.

Depuis plusieurs mois, Nieuviaert a soumis sa candidature pour un travail au ministère des Sports. Il lui manque l'appui d'une personnalité bien placée pour conclure l'affaire.

— Elle a décroché son téléphone pour moi, raconte-t-il. Compte tenu de ce qui s'était passé quand j'avais voulu me maintenir candidat, elle achetait la paix sociale. Ça évitait trop de déballages.

— Ce n'est pas du piston. J'ai dit du bien de lui, comme je le fais régulièrement en tentant de valoriser les compétences des Longjumellois. Mais

Bernard aurait eu le poste quoi qu'il arrive, car il avait le profil, se défend, elle, NKM[16].

À un mois du scrutin, désormais bien mieux disposé à l'égard de la candidate, Bernard Nieuviaert se fend d'un texte élogieux pour soutenir la jeune femme.

À l'issue du premier tour, Kosciusko arrive en tête avec 40 % des voix, suivie de Marquez à 36 % et de Schmit à 13 %. Les trois candidats sont en position de se maintenir. Schmit ne s'en prive pas, malgré ses faibles chances de victoire. Le dénouement du second tour s'annonce incertain et Longjumeau se retrouve au cœur de l'attention des médias. Avec Xavier Darcos à Périgueux, Nathalie Kosciusko-Morizet pourrait être la seule membre du gouvernement à connaître la défaite. François Fillon vient sur le terrain apporter son aide à sa ministre. Le lendemain, Ségolène Royal en fait de même pour Marquez, qui, le temps de la campagne d'entre-deux-tours, devient une égérie de la gauche. L'épilogue promet quelques tensions.

Le soir des résultats, la grande salle de l'hôtel de ville, surchauffée par des radiateurs déréglés, bouillonne d'excitation. Partisans de Jean-Claude Marquez et de Nathalie Kosciusko-Morizet, réunis autour de leurs candidats, entretiennent un vacarme que peine à contenir Bernard Nieuviaert, chargé de jouer les juges

(16) *Le Parisien*, 11 février 2008.

de paix. Philippe Schmit, l'invité surprise, brille par son absence. Convaincu que, passé 20 heures, il deviendra le maire de Longjumeau, Marquez a revêtu son plus beau costume. NKM, elle, consulte fébrilement sur son téléphone portable les résultats issus des différents bureaux de vote. Il est 22 h 30. Sur une estrade, Nieuviaert, entouré des deux challengers tel un arbitre de boxe, déclare le vainqueur : Kosciusko-Morizet, par 39 voix d'avance. Tempête de protestations d'un côté, flot d'applaudissements de l'autre. Schmit a obtenu 480 voix, un score suffisant pour peser sur l'issue du scrutin. Marquez est fou de rage. La nouvelle maire se dirige vers son adversaire déçu. Elle l'attrape par la cravate, et lui lance :

— C'est dommage quand même. Vous étiez très élégant ce soir.

12

La « lonesome cowgirl » de Longjumeau

« L'Essonne, c'est le Far West. Vous avez de l'or sous les pieds et ça flingue dans tous les coins. » Michel Berson, ancien président du Conseil général, est fier de sa formule. C'est ainsi qu'il décrit le département à tous ses interlocuteurs. Un Far West, l'Essonne ? Certes, ce territoire au sud de Paris peut sembler un rien sauvage lorsqu'on l'arpente à dos de RER, avec ses tours perdues au milieu des arbres et ses zones d'activités construites entre deux champs, dans la plaine de la Beauce. Mais de là à y voir un pays sans foi ni loi…

Le shérif Berson s'en explique. « C'est un département jeune, qui n'a pas d'histoire, avec une richesse insolente mais aussi des poches de violence intenses. Tous les politiques qui ont émergé ici sont des "immigrés", ils viennent d'autres régions et n'ont pas d'histoire locale. À défaut d'ancrage on avance parce qu'on est iconoclaste, décoiffant. Ça se frite beaucoup, c'est difficile de durer. »

Les cow-boys le doigt sur la gâchette sont nombreux dans la région : Manuel Valls à Evry et Serge Dassault à Corbeil-Essonnes se saluent en voisins ; Georges Tron s'est installé plus au nord dans un château à Draveil ; Jérôme Guedj veille lui sur le Conseil général, pendant que Julien Dray et Malek Boutih se guettent tels la brute et le truand à Sainte-Geneviève-des-Bois ; Nicolas Dupont-Aignan flingue dans son coin à Yerres, tandis que plane encore l'ombre de Jean-Luc Mélenchon, parti en diligence vers Bruxelles, après trente ans de présence. Au milieu de tout ça, Calamity Kosciusko a rapidement fait son trou à Longjumeau. À la fédération UMP dirigée par Georges Tron, chacun est libre d'administrer son bout de territoire comme il l'entend. En devenant ministre en 2007 puis maire en 2008, cette « lonesome cow-girl » est même passée au rang de principale figure de la droite dans le département.

Mais il est difficile dans une région comme l'Ile-de-France, où les mobilités sont les plus importantes de tout le pays, de fidéliser les électeurs. L'Essonne n'est pas une terre à se laisser dompter aussi facilement et chaque élection doit se gagner de haute lutte. En 2008, Nathalie Kosciusko-Morizet tente donc de faire élire ses proches dans différentes mairies de sa circonscription, dans une manœuvre que ses opposants qualifient d'opération de verrouillage. En plus de sa propre candidature à Longjumeau, et de celle de Jean-Pierre Philippe à Longpont, son garde du corps se présente à Marcoussis face à Olivier Thomas, l'adversaire aux législatives, et son assistante parlementaire prend, elle, la deuxième place d'une liste à Nozay. Peine perdue : Kosciusko est finalement la seule à l'emporter.

Au moment de désigner une tête de liste en Essonne pour les élections régionales de 2010, c'est tout naturellement vers elle que l'on se tourne. Seul hic, ce mandat ne la passionne guère. Élue depuis 2004 au Conseil régional d'Île-de-France, elle y affiche certaines années un taux d'absentéisme record de 75 %. Il faut une entrevue personnelle avec Nicolas Sarkozy dans son bureau à l'Élysée pour la convaincre de rempiler et de se ranger derrière la tête de liste régionale, Valérie Pécresse. Réélue en mars, elle profite de son entrée au ministère du Développement durable sept mois plus tard pour démissionner de son mandat. Elle fera preuve du même manque d'enthousiasme quelques années plus tard lorsque Jean-François Copé lui proposera la tête de liste de l'Île-de-France pour les régionales de 2015, en échange de son soutien dans sa bataille contre François Fillon[17].

Une foi discrète

Plutôt que d'user ses pantalons en velours sur les bancs du Conseil régional, Nathalie Kosciusko-Morizet

(17) *Le coup monté*, Bruno Jeudy, Carole Barjon, Plon, 2013.

préfère labourer sa circonscription. Elle a bien retenu la leçon chiraquienne : toute ambition nationale passe par un fort ancrage local. Une fois élue députée en 2002, elle quitte avec Jean-Pierre Philippe son appartement du 5e arrondissement de Paris pour emménager à Longpont-sur-Orge. Elle choisit comme lieu de résidence une coquette longère restaurée du XVIIIe siècle, entourée d'un grand parc. La propriété lui permet de troquer par moments ses habits de ministre pour un tablier de fermière. Elle plante des arbres fruitiers, s'occupe de son poulailler, ou encore, en bonne écolo, entretient un potager.

Mais c'est les pieds sur l'asphalte de Longjumeau que NKM passe l'essentiel de ses week-ends. Là, aux côtés des pompiers, qu'elle accompagne dans leurs gardes de nuit ; ici, dans la mosquée, à jouer aux dominos avec quelques jeunes des quartiers sud. Tous les samedis matin, elle se rend au marché de la ville, vêtue d'un sarouel, accompagnée de son fils aîné, et parfois de son mari. Il arrive de croiser la jeune femme le vendredi soir à la traditionnelle soirée rock du bar L'Excuse. « À poil ! À poil ! » Certains assurent même l'avoir entendue pousser ce cri de ralliement des habitués du zinc.

Les observateurs extérieurs s'étonnent de sa capacité à nouer contact avec les habitants. « Je suis venu la voir dans son espèce de banlieue invraisemblable, se souvient le Corrézien Denis Tillinac. C'était la grande bourge mignonne qui se démerdait très bien avec les militants, elle était naturelle et les gens accrochaient, ça m'a étonné. » La jeune femme exerce une forme de magnétisme qui doit beaucoup à son regard. « Elle a un côté "serpent à sonnette", elle plante ses yeux dans les vôtres, vous hypnotise, et pendant quelques secondes, vous pensez être seul au monde », s'amuse un opposant.

Très impliquée dans la vie de la communauté, cette catholique assiste régulièrement à la messe le dimanche dans la basilique Notre-Dame-de-Bonne-Garde de Longpont, où ses deux fils ont été baptisés. À la fin de l'office, elle échange sur la foi avec le recteur de la paroisse et lui fait part de son horreur des intégrismes. L'éducation à la tolérance dispensée aux jeunes filles de Daniélou a laissé des traces. Elle ne s'exprime jamais en revanche dans la presse sur le sujet . « Je ne souhaite pas parler de mon rapport à Dieu (...), c'est de l'ordre de l'intime », revendique-t-elle un jour dans une interview à l'hebdomadaire chrétien *La Vie*[18]. À l'inverse d'un François Bayrou, qui affiche sa foi catholique, NKM préfère taire ses convictions religieuses. « Mais elle est croyante, c'est une certitude », glisse dans un petit rire entendu le père Gatinois, qui a baptisé à Longpont le deuxième de ses fils.

(18) NKM : « L'écologie est révolutionnaire comme l'Évangile », Olivia Elkaïm et Olivier Nouaillas, *La Vie*, 3 mars 2011.

Ce catholicisme discret imprègne néanmoins son approche de certains sujets politiques. Ainsi, la sobriété que défendent les écologistes est, selon elle, similaire à la méfiance qu'entretiennent les religions à l'égard de la société de consommation. Elle se plaît à répéter une citation du *Lévitique*, l'un des livres de la Bible et de la Torah, où Dieu parle ainsi : « La Terre ne sera pas vendue à perpétuité, car elle m'appartient à Moi seul, et vous n'êtes chez Moi que des étrangers et des hôtes ». Comme pour mieux souligner la parenté entre écologie et christianisme, elle signe même en 2010 un livre d'entretiens sur ce thème avec l'Archevêque de Rennes, Pierre d'Ornellas(19).

Dans sa ville de Longpont, Nathalie Kosciusko-Morizet manifeste un grand intérêt pour la basilique et son architecture. Si elle s'est installée ici, c'est aussi pour admirer depuis sa fenêtre l'édifice dédié à Marie de Nazareth. Quand 420 000 euros sont nécessaires en vue d'acheter un orgue pour les fidèles, elle se mobilise afin de débloquer l'aide des pouvoirs publics. Elle met aussi en relation la paroisse avec Paulette Dubost, illustre centenaire de Longjumeau, plus connue pour avoir joué chez Renoir ou Truffaut que pour son attachement aux cultes, qui apporte une généreuse contribution.

---

(19) *Une écologie digne de l'homme ?*, Nathalie Kosciusko-Morizet, Pierre d'Ornellas, Salvator, 2010.

Le couperet du recours

Les premiers mois de son nouveau mandat de maire manquent, eux, cruellement de sérénité religieuse. À suite de sa courte défaite de 39 voix, Jean-Claude Marquez a déposé un recours. L'épée de Damoclès d'une possible annulation du scrutin angoisse la jeune femme. Sous les néons blafards de la salle du Conseil municipal, ornée d'un « Longjumeau » en mosaïque de faïence, l'ambiance est glaciale. Les couteaux s'aiguisent dans l'opposition de gauche, qui a bon espoir de pouvoir prendre sa revanche plus tôt que prévu. Une annulation du scrutin serait du plus mauvais effet pour l'image de la ministre. NKM, femme de droite aux amitiés de gauche, choisit comme avocat Régis Passerieux, ancien maire PS d'Agde, qu'elle a rencontré grâce à Jean-Pierre Philippe.

Fin septembre 2008, la commissaire du gouvernement au tribunal de Versailles fait souffler un vent d'effroi dans le camp de la députée de l'Essonne. Elle recommande l'annulation du scrutin, assimilant à une « candidature fictive » la présence au second tour de Philippe Schmit. Dans la plupart des cas, l'avis du commissaire est suivi par le tribunal. Jean-Claude Marquez imagine déjà sa nouvelle campagne. Kosciusko, elle, prévient son entourage qu'elle est prête à repartir à la bataille. Au bout de deux semaines d'attente interminable, les juges décident, à la surprise générale, de ne pas suivre cet avis et rejettent le recours déposé par Marquez. En l'absence d'irrégularité manifeste dans la procédure de nomination, ou d'éléments prouvant l'implication de Nathalie Kosciusko-Morizet, le résultat de l'élection est maintenu. Dépité, le socialiste porte l'affaire devant le Conseil d'État, qui, en janvier 2009, aboutit aux mêmes conclusions. Fin du suspense, NKM peut exercer son mandat l'esprit léger.

Longjumeau, « paillasson » devant Paris

Elle s'attelle dès lors à la tâche : nourriture bio à la cantine scolaire, éclairage public éco-responsable, création d'une « maison des abeilles »... La jeune femme entend poser sa patte « verte » sur la ville. Elle crée même une ferme pédagogique à destination des enfants. Un ensemble de mesures jugées « cosmétiques » par ses opposants, qui l'accusent de « faire de la com' » à destination de l'opinion publique. Kosciusko bluffe cependant la gauche par sa capacité à assimiler les dossiers. « C'est une sacrée mécanique intellectuelle », admet nombre d'élus. Les Longjumellois sont partagés. Fiers de voir leur édile évoquer régulièrement « sa » ville de Lonjumeau à la télévision, ils s'agacent aussi de devoir attendre plusieurs semaines avant d'obtenir un rendez-vous. « Il faudrait installer un studio de télévision à la mairie, elle serait là plus souvent », moque régulièrement l'opposition.

La maire se plaît à évoquer la relation « charnelle »

qu'elle entretient avec ses administrés et souffre parfois de ne pas convaincre. Il n'est pas rare de l'entendre décrocher son téléphone après la lecture d'un article de presse défavorable pour s'expliquer avec le journaliste, ou même d'appeler un élu d'opposition qui aurait émis une critique trop appuyée. Elle ne cache pas ce besoin presque maladif de susciter l'adhésion. « Le politique est dans une relation de séduction, il y en a qui sont désespérement en quête d'amour, qui supportent mal la contradiction (...) »[20] dit-elle, dessinant sans l'avouer son propre portrait.

En 2010, elle parvient à arracher, à grands renforts de subventions – environ 100 000 euros – le départ de la dernière étape du Tour de France. « Cela permet aux gens de savoir où est Longjumeau » assure-t-elle. Car, comme de nombreuses villes moyennes de banlieue ou de province, la commune appartient à cette catégorie de cités difficiles à placer sur une carte et à l'identité aussi grise que les murs. Sans club sportif de niveau national, la notoriété de la ville repose sur ses personnalités locales : l'humoriste Jean-Luc Lemoine, vu à la télé chez Laurent Ruquier, et le boys band star des années 90, les 2be3. Une salle de sports a d'ailleurs été rebaptisée au nom de Filip Nikolic, l'un de ses membres décédé en 2009. Avant de mener la révolution en Russie, lors de son séjour en France,

(20) « NKM, le parcours d'une combattante », Public Sénat, 20 avril 2010.

Lénine a bien passé quelques années à Longjumeau, où il ouvra une école pour les cadres du parti. Mais c'est un restaurant, le Lénine Kebab, qui a depuis pris sa succession.

Lorsque, le 26 février 2013, NKM dirige son dernier conseil municipal en tant que maire, l'opposition l'accuse de s'être servie de la ville comme d'un tremplin. Le jeune élu de gauche Grégory Gobron ironise sur sa « contribution » à la « culture de Longjumeau », citant les paroles du tube des 2be3 :

— Partir un jour, sans retour, effacer notre amour...

Les habitants présents dans la salle paraissent presque résignés.

— C'est une femme très intelligente. C'est normal qu'elle vise plus haut, juge l'un d'eux.

— On savait bien qu'elle partirait, reconnaît un autre.

Après tout, cet ancien bourg commerçant, dernier relais avant Paris du temps de la poste à cheval, n'a toujours été qu'une ville de transit vers la capitale. Longjumeau correspondrait presque à la description que Céline fait de Bezons, cité du Val d'Oise où il exerça comme médecin dans les années 40 : « Pauvre banlieue parisienne, paillasson devant la ville où chacun s'essuie les pieds, crache un bon coup, passe, qui songe à elle ? Personne. »

13

La discrète campagne pour le porte-parolat

— J'ai réfléchi, ce sera Nathalie. Elle fera baisser mon niveau de testostérone.

C'est chez lui, dans l'hôtel particulier de Carla Bruni, que Nicolas Sarkozy annonce début février son choix à ses proches. NKM sera la porte-parole de la campagne pour sa réélection.

— Un certain nombre d'entre vous m'ont dit que ça leur posait un problème. Mais c'est elle que j'ai choisie.

Autour de la table, la petite équipe qui se réunit depuis novembre pour préparer la présidentielle écoute la nouvelle sans broncher. Sarkozy fait le pari de l'équilibre en mettant en avant cette jeune femme qui, espère-t-il, pourra féminiser son image et parler à l'électorat centriste, jeune et urbain. Comme souvent dans son parcours, sa progression advient avec les apparences d'une tranquille évidence. « Nathalie a toujours le pied sur la marche, relève son ami l'ancien ministre de la

Culture, Renaud Donnedieu de Vabres. Sous des dehors vaporeux, elle va droit au but. Elle consolide chaque étape, et son ascension paraît naturelle. » Attention donc à l'effet trompe-l'œil : si elle a obtenu cette nomination, c'est grâce à une campagne discrète mais obstinée de plusieurs semaines.

Buisson contre la « grande bourgeoise »

Dans cette bataille invisible pour le porte-parolat, la jeune ministre ne compte pas que des alliés. Face à elle se trouve d'abord Henri Guaino, devenu pendant la pré-campagne le porte-parole officieux de Nicolas Sarkozy, et qui se verrait bien continuer à ce poste. Il y a aussi les jeunes pousses de l'UMP qui, de Benoist Apparu à Bruno Le Maire, ne cracheraient pas sur une fonction si exposée. Laurent Wauquiez demeure son challenger le plus sérieux, et il est longtemps pressenti pour former un tandem avec elle. Hélas pour lui, le jeune ministre de l'Enseignement supérieur a irrité le président en se poussant du col après le sauvetage de l'usine de lingerie Lejaby.

Le plus redoutable ennemi de NKM ne court pas les plateaux de télévision. Patrick Buisson, stratège de l'ombre, ne veut surtout pas de « cette grande bourgeoise » comme porte-parole d'une campagne qu'il imagine « au peuple ». Cela tombe mal pour la ministre du Développement durable, il est le conseiller le plus influent de Nicolas Sarkozy. Le président considère cet ancien journaliste à l'hebdomadaire d'extrême-droite *Minute*, admirateur de l'écrivain royaliste Charles Maurras, comme l'artisan principal de sa victoire en 2007. Élevé au rang de chevalier de la Légion d'honneur, Nicolas Sarkozy l'avait désigné comme « celui à qui [il] doit plus qu'à tout autre ».

Pour cette campagne 2012, Buisson compte bien enfoncer le clou planté en 2007. Selon lui, Sarkozy n'obtiendra sa réélection qu'en tenant sa droite, voire en la débordant, avec un discours musclé sur l'immigration et la dénonciation de l'assistanat. Il juge NKM « à l'envers » de cette campagne. La jeune ministre incarne pour lui cette droite « bobo » et « prolophobe », indifférente à la souffrance des ouvriers, des chômeurs, des précaires, des smicards, pour beaucoup passés au Front national. Le rapport au parti d'extrême-droite cristallise l'opposition entre l'auteur de *L'Album Le Pen*, un éloge au patron du FN, et la maire de Lonjumeau. Pas question pour Buisson d'alliance PS-UMP contre le FN. « Avant d'être une posture politique, le front républicain est d'abord un réflexe de classe et de caste », analyse-t-il[21]. En 2011, Nathalie Kosciusko-Morizet publiait, elle, un livre, *Le Front*

(21) « Rencontre avec l'éminence grise de Sarkozy », *Paris Match*, Elisabeth Chavelet, 30 mars 2011.
(22) Éditions du Moment, 2011.

antinational[22], dans lequel elle défendait ce principe.

Comme porte-parole de cette campagne « au peuple », Patrick Buisson a son candidat rêvé en la personne de Guillaume Peltier. Ce Tourangeau aux airs de premier communiant, passé par le FN et porte-parole de Philippe de Villiers en 2007, est lui aussi partisan de la fusion des droites. « Tu dois prendre un porte-parole qui a fait tous les Conseils des ministres depuis cinq ans pour être en mesure de défendre ton bilan », rappelle cependant Frank Louvrier à Nicolas Sarkozy. Exit donc l'hypothèse Peltier, trop vert.

« Le président doit se trouver beau dans ta bouche »

Malgré l'opposition du principal conseiller du président, Kosciusko peut compter sur quelques bienveillants parrains. Ces trois « anges-gardiens » qui poussent pour la voir désignée se nomment Xavier Musca, Alain Minc et René Ricol. Ce dernier, vieil ami du président, refuse de devenir son directeur de campagne du fait de la présence de Buisson dans l'équipe. « Tu dois prendre NKM pour équilibrer ta ligne », lui souffle néanmoins cet ancien collaborateur de Raymond Barre. Pour emporter la décision, Anne Dorsemaine conseille à sa patronne : « Si tu veux obtenir ce poste, le président doit se trouver beau dans ta bouche ». Mission accomplie début janvier, avec le dossier sur la reprise de l'armateur Seafrance, qui permet à la ministre de louer au journal de 20 heures de TF1 le volontarisme du gouvernement – tout en réalisant une excellente audience. L'interview lui vaut un coup de fil de félicitations du président de la République.

Fin janvier, les échanges d'amabilités se succèdent entre Sarkozy et Kosciusko, et sa nomination comme porte-parole ne fait plus guère de doutes. Dans un « off » avec les journalistes à l'occasion d'un déplacement en Guyane, le président compare les fortunes diverses de NKM, Rachida Dati et Rama Yade. « Sans doute ai-je fait une erreur de leur donner trop et trop vite, dit-il à propos des deux dernières. Je protégerais davantage Rachida et Rama si c'était à refaire. Avec Nathalie, j'ai mieux préparé cela. Elle était prête quand elle a eu des responsabilités importantes. Je n'ai pas eu cette prudence pour les autres, j'en porte une responsabilité. »(23) Dans *Le Figaro*, quelques jours plus tard, NKM, elle, fait l'éloge d'un président qui « a développé une attention à la complexité et une sensibilité à la fragilité des choses et des autres »(24).

C'est finalement à l'occasion d'un voyage en avion au cours du mois de janvier que Nicolas Sarkozy lui propose d'être sa porte-parole. « Réfléchis », lui souffle-t-il. La jeune ministre n'hésite pas une seconde. Elle

(23) « Nicolas Sarkozy, ce qu'il regrette », Arnaud Leparmentier et Vanessa Schneider, *Le Monde*, 27 janvier 2012.
(24) « NKM : "Sarkozy n'est pas le même qu'en 2007" », Fabrice Nodé-Langlois, Jean-Yves Guerin, *Le Figaro*, 3 février 2012.

choisit immédiatement de renoncer aux gyrophares des grosses berlines ministérielles, aux luxueux appartements de fonctions et à son officier de sécurité. En quelques jours, elle trouve un meublé à louer pour permettre à ses deux enfants de continuer l'école à Paris. « Nathalie a une capacité à faire tapis, comme au casino, qui est impressionnante », loue son amie, ancienne ministre de la Santé, Roselyne Bachelot. Mais les prochaines semaines ne lui permettront pas toujours de récupérer sa mise.

14

« Marie-Antoinette » et le « candidat du peuple »

Comment être la porte-parole d'une campagne dont on désapprouve en partie la ligne ? C'est la difficile équation à laquelle est confrontée Nathalie Kosciusko-Morizet pour cette élection présidentielle. Ce n'est pas tout d'obtenir le poste le plus exposé, il faut désormais assumer la parole portée. Avant même de démarrer les hostilités, Nicolas Sarkozy la met en garde : « Je te préviens Nathalie, tu ne nous refais pas le coup de ton bouquin anti-FN. Ton adversaire ce n'est pas le FN, c'est le PS ». Pour lui, finie la posture rassembleuse de la pré-campagne, celle du « président-capitaine » tenant fermement la barre dans la tempête de la crise économique. L'heure est au gros rouge qui tâche. Il convient de partir à la reconquête de l'électorat de 2007 perdu au cours du quinquennat. L'élection de 2012 sera transgressive, identitaire, et mettra au centre la question des frontières. Et qui mieux que Patrick Buisson, théoricien de la première campagne victorieuse, pour accomplir cette gageure ?

« La campagne se résume à un dialogue entre Buisson et Sarko. En même temps, il est le seul à proposer une ligne… », note un membre de l'équipe. Signe de la confiance que le président lui accorde, et de la prépondérance qu'il occupe dans le dispositif de campagne, l'ancien journaliste prend même la parole dans la presse pour expliciter la ligne. « Le projet que porte Nicolas Sarkozy s'adresse à tout l'électorat populaire, explique-t-il mi-mars dans *Le Monde*[25]. Il est clairement le candidat d'une Europe des frontières. C'est en cela qu'il est le candidat du peuple qui souffre de l'absence de frontières et de ses conséquences en chaîne : libre-échangisme sans limites, concurrence déloyale, dumping social, délocalisation de l'emploi, déferlante migratoire. »

Nathalie Kosciusko-Morizet n'a pas son mot à dire sur cette amorce droitière de la campagne. Nicolas Sarkozy a choisi pour diriger les opérations de s'entourer d'une équipe restreinte et opérationnelle. Il rêve d'une campagne éclair, à l'image de celle ayant conduit à la réélection de François Mitterrand en 1988. Le socialiste n'avait eu besoin que de deux mois pour battre Jacques Chirac. Pour en découdre avec François Hollande, Sarkozy ne prend qu'un petit mois de plus. Il ne juge pas utile de réunir ceux qu'il

(25) « Patrick Buisson : "Hollande rassemblera moins de voix que Royal" », Arnaud Leparmentier et Vanessa Schneider, *Le Monde*, 13 mars 2012.

surnomme les « chapeaux à plumes », ces poids lourds de la droite, Juppé, Raffarin, Copé et les autres, et se préserve ainsi des batailles d'ego. « À force, il y en a toujours qui demandent pourquoi ils n'y sont pas eux aussi et cela finit en convention de l'UMP », justifie le secrétaire général de l'Élysée, Xavier Musca. Tant pis si les ministres se plaignent d'une direction de campagne « pas assez politique ». Le but est d'avoir à ses côtés des brasseurs d'idées, de tester avec eux formules chocs et éléments de langage. NKM fait les frais de cette organisation. Elle n'assiste pas aux réunions quotidiennes, celles où Emmanuelle Mignon et Henri Guaino, Pierre Giacometti, Jean-Michel Goudard, Xavier Musca, Franck Louvrier ou encore Camille Pascal, décident de la marche à suivre.

Les bourdes de « Marie-Antoinette »

La jeune femme n'ignore pas que Patrick Buisson profitera du premier faux pas pour demander sa tête. Celui-ci ne tarde pas. Sur Europe 1, fin février, un auditeur l'interroge :

— Vous, la porte-parole du "candidat du peuple", pouvez-vous dire quel est le prix d'un ticket de métro ? Réponse de l'ancienne ministre des Transports :

— Euh... quatre euros et quelques.

La bourde fait le tour des réseaux sociaux et des sites d'informations. « Quand on est ministre, on prend peu le métro, c'est vrai, je le reconnais », se justifie-t-elle ensuite. Dire qu'elle avait osé moquer Jean-Paul Huchon, le président de la région Île-de-France, coupable d'une gaffe similaire deux ans plus tôt...

Pour les anti-NKM, la bévue est révélatrice. Cette femme, incarnation des élites, vient de démontrer son incapacité à parler au peuple. Vexée d'avoir été prise en défaut, et guidée par ses réflexes de première de classe, elle apprend par cœur les tarifs des transports en commun parisiens. Mais le mal est fait et la jeune femme a gagné chez certains membres du QG le surnom de « Marie-Antoinette ». La révélation par la presse de la valeur de ses bottes en cuir, une paire d'Hermès à plusieurs milliers d'euros, n'arrange pas la situation. Quelques jours plus tard, elle doit démentir la rumeur de son remplacement par le jeune député de Seine-et-Marne, Franck Riester. Lors du meeting de Villepinte, premier grand rendez-vous de la campagne de Nicolas Sarkozy, le 11 mars, elle n'est pas invitée à prendre la parole. Les observateurs glosent déjà sur ce qu'ils considèrent comme une relégation au second plan.

La tension autour d'elle atteint son paroxysme le 18 mars. Ce jour-là, invitée par France 3 pour une émission fleuve, elle admet à mots couverts qu'en cas de duel FN-PS, elle voterait François Hollande plutôt que de s'abstenir. « Je ferais la même chose que ce que j'ai dit ou écrit, mais ce n'est pas d'actualité », répond-elle à une question posée par Florian Philippot, directeur de campagne de Marine Le Pen. La référence aux valeurs défendues dans son livre, *Le Front antinational*, fait bondir Patrick Buisson. Le conseiller s'alarme de cette position jugée « catastrophique » et assure que la boîte mail de l'UMP explose de messages hostiles à la porte-parole. Elle est contrainte de publier dans la foulée un communiqué où elle répète ne voir « aucune actualité » à l'hypothèse d'un second tour Hollande-Le Pen. Peu après, un article du *Parisien* suggère que Nicolas Sarkozy serait « franchement agacé » par cette sortie et accepterait l'idée de « faire monter » comme porte-paroles Jeannette Bougrab et Guillaume Peltier. Le triumvirat souhaité depuis plusieurs semaines par Buisson n'a en réalité jamais été approuvé par le président. Le contenu de l'article a beau être démenti, la position de Nathalie Kosciusko-Morizet s'en trouve encore affaiblie. « J'en ai marre de Patrick Buisson, ce type qui fait tout pour me déconsidérer ! » l'entend se plaindre Roselyne Bachelot[26].

Le 19 mars, la France se réveille sous le choc. Ces derniers jours, elle avait regardé d'un œil distrait l'assassinat de trois militaires à Toulouse et à Montauban. Mais ce matin-là, le meurtre de sang-froid de trois enfants et d'un professeur dans la cour d'une école juive de Toulouse secoue le pays. Des millions de télé-

(26) *À feu et à sang, Carnets secrets d'une présidentielle de tous les dangers*, Roselyne Bachelot, Flammarion, 2012.

spectateurs suivent en direct l'assaut qui aboutit à la mort de Mohamed Merah, l'auteur des faits. La campagne suspendue, l'heure est au recueillement en mémoire des victimes. Pendant plusieurs jours, Nathalie Kosciusko-Morizet s'abstient de toute déclaration publique. C'est aussi l'occasion de souffler, après tant d'attaques. À aucun moment dans cette campagne elle ne semble en mesure d'attraper la lumière que devrait lui offrir son poste. *L'Express* titre : « NKM, la porte-parole qui ne parle plus ».

Une porte-parole peu influente

« Ça suffit, voyez-vous. » Nicolas Sarkozy en a assez de la guéguerre NKM -Buisson. Il demande aux deux adversaires de régler leurs différends. Le rendez-vous a lieu le 23 mars à la brasserie Chez Francis, place de l'Alma, à Paris. Selon Buisson, la jeune femme lui aurait demandé de lui « prodiguer des conseils » une fois par mois dans la perspective de 2017[27]. Une version démentie par l'intéressée qui assure ne l'avoir vu qu'à cette seule occasion « en tête-à-tête ». Après ce déjeuner, Kosciusko est invitée à participer aux réunions quotidiennes de l'équipe, mais son influence se fait peu sentir sur la manière dont est conduite la campagne. Elle tente bien parfois, avec d'autres, de s'opposer aux positions les plus radicales de Buisson,

(27) « Quand NKM draguait Buisson », Carole Barjon, *Le Nouvel Observateur*, 4 juillet 2012.

mais sa présence lui sert avant tout à comprendre la genèse des décisions.

Les oppositions sont le plus possible mises en sourdine devant le président. « Nicolas Sarkozy ne va jamais vers l'aspérité, il ne voulait pas avoir d'affrontements à trancher », raconte Camille Pascal. Avec la plume du président, historien à la mise de dandy arrivé un an plus tôt à l'Élysée, NKM affiche une complicité de potaches. Pendant les réunions, elle exerce ses talents de dessinatrice en croquant les membres de l'équipe.

— Je vais dire au président que tu le caricatures, souffle Camille Pascal.

— Tais-toi, cafte pas !, lui réplique-t-elle.

— Quand Camille et Nathalie nous feront l'amabilité de bien vouloir nous écouter..., interrompt un Nicolas Sarkozy transformé en surveillant de cour de récré.

La porte-parole crayonne, et personne ne parvient à infléchir réellement la ligne défendue par le candidat. « Il y avait un camp des libéraux, europhiles, décontractés en matière sociétale, et NKM en faisait partie, décrypte Xavier Musca. Mais le président était convaincu que la campagne devait avant tout rassurer les électeurs inquiets de la crise et de la mondialisation. Cette ligne était défendue notamment par Buisson. » Nicolas Sarkozy lui-même est le seul en mesure de freiner les ardeurs droitières de son propre conseiller.

« Nicolas, tu dois condamner l'ouverture », lui demande un jour Buisson. Il faut rassurer les électeurs de droite déroutés par l'entrée de Bernard Kouchner ou de Fadela Amara au gouvernement en 2007. Le conseil fait sortir le président de ses gonds et provoque la seule altercation publique de toute la campagne entre les deux hommes. « Non, je ne dirai pas ça, je ne dirai pas ça !, tempête Sarkozy, sûr de son fait. C'est moi qui décide ce que je dis et je continuerai à faire l'ouverture une fois réélu ! »

Le dernier meeting place de la Concorde, à une semaine du premier tour, est l'occasion de remercier les poids lourds de la majorité qui se succèdent pour parler à la tribune : Fillon, Copé, Juppé, Bertrand. Nathalie Kosciusko-Morizet prend elle aussi la parole devant la foule composée d'une centaine de milliers de personnes. L'intervention, empreinte d'une grande nervosité, ne dure que sept minutes. Assez pour démontrer son manque de talent dans l'exercice. « Elle est bonne à la télé, mais ce n'est pas quelqu'un qui embrase la foule », confirme Roselyne Bachelot.

« Tout le monde fait semblant avec le président ? »

Au soir du premier tour, le 22 avril, le président-candidat atteint 27 % des suffrages, à peine deux points derrière les 28,6 % de François Hollande. L'exploit est de taille, alors que les sondages lui prédisaient au début de la campagne un score aux alentours de 20 %. La surprise du scrutin vient du « troisième homme », Marine le Pen, qui récolte 18 % des voix. « Et dire que certains me conseillaient de faire campagne au centre », lance le candidat à son entourage, convaincu que les résultats valident sa stratégie. NKM ne peut qu'abdiquer devant l'efficacité manifeste de la ligne Buisson. Le lendemain, elle n'entrouvre même pas les lèvres lorsque Sarkozy vient sur ses terres de Longjumeau assurer que « le FN est compatible avec la République ». « S'il y a une candidate du FN, c'est qu'elle avait le droit d'être candidate, lâche-t-il dans un aparté avec des journalistes. À partir du moment où vous avez le droit de vous présenter aux élections, vous êtes compatible avec la République. » La thèse est l'exacte inverse de celle défendue par la porte-parole dans *Le Front antinational*, où elle dénonçait justement la tentation pour la droite « d'intégrer [le FN] dans le champ républicain ».

Un conseiller de la jeune femme décrypte son silence : « Elle interprète le discours de manière juridique et non morale, elle veut le vivre comme ça. Sarkozy fait cette déclaration ici volontairement. C'est la vieille méthode stalinienne, que les fascistes et les maurassiens peuvent reprendre : je viens dire chez toi nos points de désaccords pour te montrer qui est le patron ». La chasse aux électeurs du Front national semble être à ce prix et les sondages indiquent une légère remontée. « Chaque jour, le président gagnait un demi-point, la victoire, la victoire insensée, la victoire qui nous était refusée depuis des mois par la presse dans le feulement des sarcasmes, la victoire semblait à portée de main », s'enflammera a posteriori Camille Pascal dans un livre[28]. NKM, elle, se montre moins optimiste. Debout sur le perron de l'Élysée, elle regarde défiler le bal des voitures sur les graviers du château, à la sortie d'une réunion quelques jours avant le second tour. Emmanuelle Mignon se tient à ses côtés.

— Explique-moi quelque chose, demande la porte-parole. Tout le monde fait semblant avec le président, ou bien il n'y a que moi qui pense que l'on va perdre ?

— Tout le monde fait semblant, lui répond dans un sourire la conseillère.

(28) *Scènes de la vie quotidienne à l'Élysée*, Camille Pascal, Plon, 2012.

15

Une élection de tous les dangers

« Pouvoir d'achat ! Pouvoir d'achat ! » Depuis des années, ça ne manque pas. À chaque passage de Nathalie Kosciusko-Morizet dans les quartiers sud de Longjumeau, il surgit tel un vilain diable, et apostrophe, rigolard, la députée depuis le trottoir d'en face. Ce jeune homme, tout le monde le connaît ici. Il est, paraît-il, lié à l'opposition municipale. Inoffensif, il se contente de poser de temps à autres des autocollants sur les abribus. D'ordinaire, il amuse plus qu'il ne dérange, avec ses interpellations un rien absurdes. « Pouvoir d'achat ! Pouvoir d'achat ! » Mais aujourd'hui, NKM n'est pas d'humeur à plaisanter. Elle craint pour sa réélection dans la 4e circonscription de l'Essonne, au lendemain de la chute de Nicolas Sarkozy. Une victoire, et elle peut espérer participer à la bataille de succession pour 2017. Une défaite, et c'est la traversée du désert assurée.

— Eh, madame, ça ne se fait pas !

Le disque a changé. Cette fois-ci, il reproche aux

équipes de la candidate d'avoir collé des affiches dans le quartier en dehors des heures légales. Kosciusko fulmine. Elle est venue tracter avec ses proches au pied des barres HLM pour tenter d'endiguer la vague rose qui s'annonce. C'en est trop. Après des mois de campagne présidentielle durant lesquels elle a dû subir les attaques les plus violentes, ce reproche anodin la fait sortir de ses gonds. Elle adresse un spectaculaire doigt d'honneur au jeune homme, sous le regard éberlué de nombreux témoins. Aucun téléphone portable n'est sorti assez vite pour immortaliser la scène. La séquence aurait pourtant à coup sûr connu le même succès sur internet que le « casse-toi pov' con » de Nicolas Sarkozy, ou la claque donnée par François Bayrou à un gamin lui faisant les poches. Cette perte de contrôle témoigne en tout cas de la grande fébrilité de l'ancienne ministre à l'aube de ce scrutin.

Des mois auparavant, alors qu'elle occupait encore les salons du ministère du Développement durable, son entourage s'était enquis d'un éventuel point de chute plus confortable. La 4e circonscription de l'Essonne n'est jamais tombée dans l'escarcelle de la gauche depuis son redécoupage en 1986, et Nicolas Sarkozy y a emporté 55 % des voix au second tour en 2007. Mais l'éventualité d'une défaite de ce dernier à la présidentielle obscurcit l'avenir de la jeune femme. « Il faut sécuriser ton parcours, Nathalie, lui suggère Jean-Marie Caillaud, un de ses conseillers politiques. Est-ce que tu ne voudrais pas réfléchir à une candidature aux sénatoriales ? »

Le 6 mai 2012, le président sortant est défait mais obtient 51 % des suffrages dans la circonscription, avec une forte participation, supérieure à 84 %. L'écart avec la gauche est ténu. Il va falloir mobiliser les électeurs de droite, déçus par l'élection de François Hollande et certainement tentés de rester à la maison un mois plus tard pour les législatives. Dès le lendemain, sans s'appesantir sur cette défaite, Nathalie Kosciusko-Morizet réunit ses équipes à Longjumeau. Finie l'exposition médiatique à tous crins, les caméras et les micros : la campagne doit à tout prix se détacher du contexte national. Il ne faudrait surtout pas que son adversaire socialiste, Olivier Thomas, profite de l'effet Hollande. Le contact direct avec la population est privilégié et la presse parisienne est snobée.

Là où l'Essonnien va, elle va aussi. Sur les marchés, aux entrées des centres commerciaux, aux feux rouges de la N20, cette route sans cesse embouteillée au sud de Paris, où elle vient régulièrement tracter au milieu des gaz d'échappement. Comme en 2008, les chenilles du bulldozer NKM labourent les terres du département. Dans la continuité de la campagne du second tour de la présidentielle, elle place au rang de ses priorités des thèmes droitiers : l'opposition au droit de vote des étrangers et la nécessité de lutter contre la fraude aux prestations sociales apparaissent en première ligne sur son tract.

Face à elle, le maire de Marcoussis aborde l'élection avec optimisme. Olivier Thomas est un militant de la gauche du PS, ancien compagnon de route de Jean-Luc Mélenchon, comme beaucoup de socialistes dans l'Essonne. Il a perdu une première fois en 2002, comme suppléant, contre le tandem Wiltzer-Kosciusko, puis une deuxième fois dans les grandes largeurs en 2007 face à la future ministre. « Cette troisième fois, ce sera la bonne, assure-t-il au *Parisien*. L'élection de Hollande crée une dynamique. Il y a un vrai coup à jouer. »[29] Ce quinquagénaire aux cheveux blancs et à la barbe hirsute a de quoi positiver. Le nouveau président est arrivé en tête dans trois des plus grosses villes de la circonscription, dont Longjumeau, avec 55 % des voix. Pour le soutenir, Thomas convoque un ballet d'éléphants et d'éléphanteaux socialistes : Manuel Valls, Benoît Hamon, François Lamy se succèdent tout au long de la campagne, avec l'espoir de participer à la chute de l'étoile sarkozyste Kosciusko. La défaite de l'ancienne porte-parole de Nicolas Sarkozy constituerait un symbole important pour la gauche revenue au pouvoir.

Depuis des années, Olivier Thomas et Nathalie Kosciusko-Morizet entretiennent des rapports cordiaux. Les deux adversaires se font la bise, et Thomas

(29) *Le Parisien*, 31 mai 2012.

a régulièrement été convié à dîner au ministère. Mais, cette fois, l'élection se déroule sous un jour bien plus acrimonieux. Un sondage publié dans *Le JDD* le 27 mai donne les deux adversaires à égalité, 50-50, pour le second tour. Plus que jamais se dessine pour NKM la perspective de passer cinq ans loin de Paris et de son exposition médiatique. À 39 ans, le coup d'arrêt serait terrible dans sa carrière jusque-là fulgurante qui, en dix ans, l'a vu passer du statut de simple conseillère technique à celui de numéro quatre du gouvernement et porte-parole de la campagne d'un président de la République. « Vous avez été fous d'y aller », s'entendent répéter les collaborateurs de la jeune femme.

Marine le Pen contre la « duchesse de l'Essonne »

Dès le 22 avril au soir, Marine Le Pen sait que, avec sa troisième place à l'élection présidentielle, les 18 % d'électeurs qu'elle vient de convaincre vont être au centre de l'attention dans les prochaines semaines. Jamais le Front national n'a été aussi fort dans les urnes, et sa présidente se prend à rêver d'une vague « bleue marine » à l'occasion des élections législatives. Toutes les circonscriptions ne sont pas atteignables pour le FN, mais elle entend peser dans le duel entre le PS et l'UMP partout où cela lui est possible. En particulier dans les territoires où le FN a des comptes personnels à régler…

Le dimanche 3 juin, à une semaine du premier tour des législatives, Marine Le Pen arpente le marché de Limours en compagnie de sa candidate locale, Brigitte Dupin. Le soleil brille, la patronne du FN affiche un franc sourire. Elle est venue faire campagne contre « la duchesse de l'Essonne », surnom qu'elle donne à Nathalie Kosciusko-Morizet, l'auteure de ce pamphlet anti-FN qui lui reste encore en travers de la gorge. « Vous ne trouvez pas étonnant que cette femme ait été porte-parole unique d'une campagne qui était résolument tournée vers les idées du Front national, tout en appelant à voter PS en cas de duel entre le rassemblement bleu marine et les socialistes ? », demande-t-elle à un journaliste de France 2. Un quart d'heure plus tard, la principale intéressée, habillée sombrement, passe sur le même marché. « Vous vous sentez menacée dans cette législative ? », lui demande le journaliste. Pas de réponse, ni de regard tourné vers la caméra. NKM reste pour l'instant fidèle à sa stratégie consistant à éviter les médias nationaux.

Le soir du premier tour, l'ancienne porte-parole de Nicolas Sarkozy est mise en ballotage défavorable par Olivier Thomas. Elle a beau arriver en tête, avec 39,5 % des voix, contre 36 % pour son opposant, la faible participation (62 %) incite peu à l'optimisme : les réserves de voix sont en théorie plus importantes pour le socialiste. Dès le lendemain, à l'occasion d'une conférence de presse, Marine Le Pen dresse une « liste noire » des personnalités – droite et gauche confondues – à battre lors du second tour. Elle appelle notamment les électeurs frontistes à voter contre Kosciusko, au titre de la « réciprocité » suite à la publication du *Front antinational*. Un tract, distribué par le FN dans la 4e circonscription de l'Essonne, annonce clairement la couleur : « Faites barrage à NKM. Votez PS avec le Front national ».

Il n'y a dès lors plus lieu de tergiverser. Les équipes de NKM poussent la candidate à changer de braquet : passer « au national » pour dénoncer « l'incongruité du soutien du FN au PS », et diaboliser Olivier Thomas. Elle s'exécute le soir même sur le plateau du 20 heures de France 2. C'est une candidate extrêmement nerveuse, au débit de mitraillette, que David Pujadas retrouve face à lui. Son message s'adresse clairement aux électeurs de droite qui ne se sont pas déplacés lors du premier tour. « Marine Le Pen propose de mélanger les voix du Front national avec, autour d'un candidat socialiste, le parti communiste et l'extrême-gauche, dénonce Kosciusko. Elle propose de voter pour le droit de vote des étrangers, pour le laxisme en matière de sécurité et pour le tabassage fiscal », dénonce-t-elle. Puis, elle lâche un direct du droit en direction de son adversaire en Essonne : « Chez moi, dans ma circonscription, le PS accueille même les voix du Front national. Cette semaine, j'ai tous les dignitaires socialistes qui défilent, et pour le moment, c'est silence radio, il n'y en a pas un qui a dénoncé le fait que Marine Le Pen appelle à voter socialiste ».

Toute la semaine, elle martèle son message, sur les ondes, à la télévision et dans les journaux. « On a un candidat FN-PS, ça ne s'est jamais vu depuis 1940 », avance-t-elle même dans *Le Monde*[30]. L'ambiance avec Olivier Thomas devient délétère. Les deux concurrents se croisent à plusieurs reprises sur le terrain, dans les cages d'escalier ou entre les étals des marchés, mais s'ignorent ostensiblement. « C'est une méthode de voyous, se plaint le socialiste. Elle sait que je ne suis pas avec le FN mais elle le fait croire pour mobiliser ses électeurs. » Offusqué d'avoir à se justifier, il ne rejettera officiellement le soutien du FN qu'en fin de semaine.

« En mode survie »

Un événement dramatique, survenu quelques jours avant le premier tour, contribue également à alourdir l'ambiance. Le 22 mai, Étienne Kosciusko-Morizet, petit frère de la candidate, âgé de 25 ans, est retrouvé mort à son domicile près de Tours. Le parquet retient l'hypothèse du suicide. « Elle a pris un coup sur la gueule et elle est passée en mode survie », explique

(30) Nathalie Kosciusko-Morizet doit lutter sur deux fronts, Vanessa Schneider, *Le Monde*, 15 juin 2012.

un conseiller. Malgré la douleur, la campagne se poursuit. Les jours suivants, elle continue de tracter sans rien laisser paraître. Ses opposants à Longjumeau s'étonnent de la voir continuer à batailler avec autant d'ardeur, y voyant la preuve de sa dureté. Ses partisans, eux, saluent son courage et sa dignité.

Olivier Thomas, de son côté, publie sur son blog un message de condoléances à l'égard de son adversaire. Quelques jours plus tard, NKM, qui, par souci de préserver sa famille, déplore que la nouvelle ait été relayée dans la presse, demande au socialiste de le supprimer. Olivier Thomas s'exécute, pensant être quitte avec son adversaire. Mais le 13 juin, en plein entre-deux-tours, Kosciusko s'emporte au micro de Jean-Jacques Bourdin sur RMC.

— Dans ma circonscription, j'ai un opposant qui parle de ma famille. Il a mis un truc sur son blog, j'ai trouvé ça scandaleux, je l'ai appelé d'une voix blanche et je lui ai dit « tu retires tout de suite ».

Et elle poursuit :

— Je trouve ça scandaleux que certains essayent d'utiliser ça aux élections législatives, et notamment mon opposant avec une espèce de faux papier de fausses condoléances sur son blog, c'est lamentable.

— Elle instrumentalise la mort de son frère pour expliquer que je suis le pire des salauds, accuse Olivier Thomas. Comment elle est capable d'aller jusque-là ?

La tension ne retombe que le soir des résultats, le

17 juin. Réunis dans la salle du Conseil municipal de Longjumeau, les soutiens de la candidate attendent le verdict avec appréhension. De nombreux camions de télévision stationnent dehors, face à l'hôtel de ville. Les duplex s'enchaînent en cette soirée d'été. C'est la première fois que le sort de Nathalie Kosciusko-Morizet passionne autant les médias nationaux. La députée de l'Essonne est finalement réélue avec 51,48 % des voix. Elle est parvenue à mobiliser son électorat, la participation étant – fait rare – plus importante qu'au premier tour. L'épouvantail FN a joué son rôle. « C'est une chance pour elle que le FN et le PS se soient mis ensemble », reconnaît son adjoint à la mairie, Mohamed Bouazzaoui. La pression retombe. Dans un coin, Adeline Hubert de Calan, une de ses collaboratrices de longue date, éclate en sanglots. La grande gagnante prend la parole sous les applaudissements et les « Nathalie présidente » scandés par la foule : « Les électeurs ont massivement rejeté les oukases du Front national, ils se sont comportés en électeurs libres », salue-t-elle.

La mort de son frère, le FN qui la place sur sa liste noire, la menace de perdre son siège de députée. L'adversité a, semble-t-il, galvanisé la candidate, là où beaucoup d'autres auraient baissé les bras. « Comme Nicolas Sarkozy, Nathalie fait partie de ces gens dont les difficultés encouragent la détermination », analyse la sénatrice Fabienne Keller. Olivier Thomas, la défaite amère, livre, lui, une autre interprétation : « Elle a pété un câble dans cette élection. Avec la peur de perdre, elle était prête à tout ».

16

NKM, UNE CENTRISTE PERDUE À L'UMP

La campagne présidentielle en a été l'illustration : NKM occupe une position politique minoritaire à l'UMP. « Libérale, européenne et sociale », comme la définit Alain Minc, elle se situe manifestement en décalage par rapport aux aspirations de la base du parti, plus sensible aux messages droitiers de la mouvance « buissonienne ». C'est en tout cas ce qui ressort du vote des militants sur les motions en novembre 2011, lorsque la Droite forte de Guillaume Peltier et Geoffroy Didier, l'hydre à deux têtes de Patrick Buisson, est arrivée en tête. « Le discours bobo-écolo de NKM est loin d'être le fond de sauce de l'UMP et le sera de moins en moins », résume l'écrivain Denis Tillinac, chroniqueur au magazine conservateur *Valeurs actuelles*. Kosciusko ne serait-elle pas une centriste perdue à l'UMP ? « Elle est un peu comme Giscard, elle appartient à une droite orléa-niste. Mais, contrairement à lui, elle a considéré avoir besoin d'une grande famille politique pour réaliser ses ambitions », répond l'ancien UDF Renaud Donnedieu de Vabres.

La bataille pour la présidence de l'UMP qui débute à l'été 2012 fournit une nouvelle preuve de son isolement. En juin, elle déclare envisager une candidature si sa « ligne » n'est reprise par aucun autre postulant. Après être apparue pendant quelques mois comme un soutien passif à François Fillon, elle revendique très vite sa neutralité dans le duel qui se profile avec Jean-François Copé. Pourquoi prêter allégeance à un chef quand on a soi-même l'ambition de concourir pour l'Élysée en 2017 ? Et puis, si les relations sont cordiales avec François Fillon, sa rivale Valérie Pécresse – qui n'a jamais supporté son ambition débordante – occupe déjà la place de dauphine. Quant à Copé, il n'a de cesse de se plaindre de NKM : « Elle prend tout, elle ne donne rien », « elle n'est pas sympa », « c'est une folle »...

Nathalie Kosciusko-Morizet choisit la Corse pour annoncer sa candidature. « Elle a senti qu'elle avait un coup à jouer », explique un collaborateur. Elle confirme par ailleurs le lancement de son mouvement, « la France droite ». Le nom « la France durable », en référence à ses convictions écolos, avait été un temps envisagé. Mais l'impétrante entend marquer clairement ses positions à droite. « Je me reconnais dans les valeurs cardinales que sont le travail, l'autorité, la responsabilité, explique-t-elle à *L'Express* pour justifier ce nom. Mais aussi parce que je crois à la rectitude et à la clarté politique. Je veux (...) fédérer les Français qui se sentent orphelins de Nicolas Sarkozy. »[31] L'offre de services est claire auprès de la base du parti. Une des lignes directrices du mouvement, « ni concession avec le PS ni compromission avec le FN », est répétée à l'occasion de son déplacement sur l'Île de Beauté. Hors de question de dilapider le capital acquis dans le cadre de la campagne présidentielle, où elle s'est affirmée pour la première fois en femme de droite aux yeux de l'opinion. La législative dans sa circonscription lui a par ailleurs permis de renvoyer dos à dos FN et PS : pratique à l'heure d'assumer sa position d'équilibriste, à mi-chemin entre le « ni-ni » (ni vote FN, ni vote PS en cas de second tour entre gauche et extrême-droite) et le front républicain, qu'elle ne revendique plus comme par le passé.

Mais avant de se lancer dans cette bataille pour la présidence, NKM doit franchir un obstacle de taille : recueillir 8 000 parrainages de militants. Un exercice difficile, surtout quand on n'a pas accès au fichier des adhérents. Et puis, elle manque de soutiens au sein du parti. Si NKM la solitaire peine depuis longtemps à fédérer des responsables politiques autour d'elle, c'est en grande partie parce qu'elle n'est pas demandeuse.

---

(31) Nathalie Kosciusko-Morizet : « Je lance la France droite », Éric Mandonnet et Mathieu Deprieck, *L'Express*, 17 juillet 2012.

Pis, les parlementaires ont même souvent eu le sentiment d'être traités avec mépris par cette femme souvent plus brillante qu'eux. « Elle n'a pas d'écurie : c'est son principal problème. Je suis capable de vous citer dix noms de députés qui seraient prêts à se faire couper la tête pour Copé et Fillon, cinq pour Le Maire et Bertrand, mais pour Nathalie, zéro », assure un ancien ministre de Nicolas Sarkozy.

Plutôt que de faire l'effort de séduire les cadres de son parti, elle décide, comme Ségolène Royal en 2006, de s'adresser directement aux militants. Elle se lance en cette période estivale dans un tour de France des plages au volant d'une camionnette blanche barrée de sa photo et du slogan « La reconquête commence ici ». Jérôme Peyrat la guide dans cette visite des fédérations. Aidée de jeunes militants aux t-shirts floqués « J'aime NKM, je la parraine », elle négocie auprès de vacanciers en slips de bain ses parrainages autour d'un gobelet de soda et de quelques poignées de chips. C'est à peine si elle profite d'un court séjour dans sa traditionnelle villégiature de Sainte-Mère-Église, en Normandie, où elle déjeune avec Camille Pascal, venu en voisin avec son épouse. De Vannes au Périgord, en passant par l'île de Ré – où elle est reçue par son ami Dominique Bussereau – NKM achève sa tournée à Nice, à l'occasion de la première réunion de l'association des amis de Nicolas Sarkozy. Mais, début septembre, le compte n'y est pas et elle doit jeter l'éponge. Avec Bruno Le Maire, lui aussi candidat déçu et non-aligné déclaré, elle fera partie des rares à ne pas s'abîmer dans le conflit Fillon-Copé de l'automne.

"L'abstention militante" sur le mariage gay

Un autre événement vient souligner le positionnement singulier qu'occupe dans son camp la députée de l'Essonne. Alors que l'hypothèse de sa candidature à la mairie de Paris commence à prendre forme à l'approche de l'hiver 2012, elle est amenée à se prononcer sur le « mariage pour tous ». Kosciusko est loin d'être hostile sur le fond au projet de loi soumis par la ministre de la Justice, Christiane Taubira. Maire de Longjumeau, elle avait même donné son accord pour diriger une cérémonie de Pacs entre deux jeunes femmes désireuses de convoler. Ministre de l'Écologie, elle a fait parvenir une note à Nicolas Sarkozy lui demandant de tenir son engagement de campagne, en mettant en place une union civile pour les homosexuels. Elle s'est, sur ce point, affranchie d'un entourage plus divisé sur la question. Si ses conseillers « de gauche », comme Jean-Luc Mano, se montrent favorables au mariage gay, ses parents, en revanche, sont des militants actifs de la « Manif pour tous ». La marraine de son fils, Marie-Claire Daveu, conseillère régionale UMP, est également hostile au texte.

Au moment du choix, la pression sur Nathalie Kosciusko-Morizet est importante. Les considérations de stratégie électorale viennent peser aussi lourd que les convictions. Peut-elle se permettre de se fâcher avec la base conservatrice de la droite parisienne ? Cette ville « gay-friendly », qui a élu en 2001 Bertrand Delanoë, un homosexuel, pourrait-elle choisir une maire opposante au mariage homo ? Conseils et pressions en tous genres se multiplient auprès de la députée de l'Essonne.

Son fervent supporter, le député UMP de Paris, Bernard Debré, s'inquiète de la voir perdre le vote des catholiques. Il essaye en vain de la faire voter contre le texte, tout comme son voisin dans l'hémicycle, Patrick Balkany, qui tente une approche à la dérobée.

— Tu sais Nathalie, avant d'arriver ici, j'ai croisé une dizaine de bons bourges parisiens. Ils m'ont dit : « Vous êtes à côté de NKM, dites-lui que si elle vote pour le mariage homo, on ne votera pas pour elle ! »

Côté partisans du « Mariage pour tous », les recommandations ne manquent pas non plus. Dans une vidéo qui fait le tour du web, l'ancienne militante du Pacs, Roselyne Bachelot, prévient :

— Je ne sais pas ce que va voter Nathalie Kosciusko-Morizet, mais elle ferait bien de matriculer ses abattis si elle veut être candidate. C'est ce que j'ai dit à François Fillon, être « gay-friendly » ce n'est pas une condition suffisante mais c'est une condition nécessaire.

Et son fils, Pierre Bachelot, d'ajouter :

— Vu la saturation des 1er, 2e, 3e et 4e arrondissements en termes de sociologie, c'est aussi bien de se balader avec un uniforme SS en Israël. Tu as un grand succès.[32]

Elle finit par résoudre cette difficile équation en choisissant de défendre « une abstention militante et engagée »[33]. Le 12 février, elle est, avec Benoist Apparu et Franck Riester, l'une des rares députés de son camp à ne pas voter contre le texte. Un choix qui sera lourd de conséquence pour sa campagne à Paris.

(32) « L'avertissement de Bachelot à NKM et François Fillon pour la mairie de Paris », Jean-Baptiste Daoulas et Thomas Soulié, LCP, 28 janvier 2013.
(33) « Une abstention militante et engagée sur le mariage pour tous », Pascal Nivelle, *Libération*, 4 février 2013.

17
La communication sans dissonance

La voix un peu hésitante, elle rassemble quelques souvenirs.

— Quand je pense à Paris, je vois d'abord les sorties sans les parents... Je pense aussi à Louis-le-Grand, au train entre Sèvres et la gare Montparnasse que je prenais seule... Je pense à ma décision d'aller m'installer chez mes grands-parents, pour prendre mon indépendance...

Elle pourrait être allongée sur le divan d'un psychanalyste ou bien en train de se confier à l'animatrice d'un talk-show intimiste, type Mireille Dumas. C'est en réalité Jean-Luc Mano qui se tient face à Nathalie Kosciusko-Morizet. Le conseiller en communication enregistre les confidences de sa protégée avec une petite caméra amateur. « L'entretien de personnalité » de ce jour est destiné à trouver son positionnement d'image pour l'élection municipale parisienne, alors qu'elle n'est pas encore candidate déclarée. De cet exercice, ses « spin doctors » tireront le maître-mot de la campagne pour conquérir l'hôtel de ville : liberté. NKM l'affranchie, libre de tous les appareils du fait de sa désignation via une primaire ouverte, contre Hidalgo « l'héritière », adoubée par le maire sortant, Bertrand Delanoë. L'angle d'attaque permet aussi de rejeter les sempiternelles remarques sur son héritage politique et familial.

— Cette primaire, mes chers amis, c'est la conquête de la liberté, de notre liberté, lance-t-elle ainsi le soir de sa désignation comme candidate de l'UMP, après avoir enfourché un scooter sous l'œil des photographes.

Le discours et le geste. Chez elle, la maîtrise du « storytelling » est totale. NKM la musicienne n'aime rien tant que les partitions jouées sans fausse note.

Une équipe sous tension

« Quand d'autres ont leur came, NKM a sa com'. » C'était l'une des piques préférées de ses opposants à Longjumeau. Elle, accro à la communication ? Son équipe pléthorique de conseillers semble en tout cas l'attester. Anne Dorsemaine, Jean-Luc Mano, Stéphane Schmaltz, Aurore Longuet, François-David Cravenne… Ce ne sont pas moins de cinq communicants qui entourent la candidate pour l'élection municipale à Paris. Leur objectif : asseoir la marque NKM. « Elle est d'une génération qui sent l'importance de la communication. L'idée de parler aux gens la séduit, justifie l'un d'entre eux. Elle pense que le message est action, c'est son côté Sarkozy. Dire fait partie de l'action politique aujourd'hui. » La plupart de ses conseillers choisissent de s'exprimer en « off » avec les journalistes, cette pratique consistant à délivrer un discours en apparence libre sans jamais être cité. Ainsi, ils jouent une musique de fond qui infuse certains articles. Il n'est pas rare de retrouver leurs idées reprises sous la plume d'un reporter en mal d'inspiration.

La petite équipe se réunit régulièrement pour des dîners, où se joignent également Jérôme Peyrat et Grégoire de Lasteyrie, deux de ses conseillers politiques. Jean-Marie Caillaud, celui qui, comme Peyrat, la suit depuis douze ans, est allé chercher la sécurité de l'emploi du côté de la préfecture de la Haute-Vienne, mais continue à prodiguer ses conseils. La jeune femme bombarde tout ce petit monde de SMS et de mails pour débriefer une intervention média ou anticiper une prise de position à venir. Les discussions donnent parfois lieu à des prises de becs. « Il y a des tensions par moments mais c'est Nathalie qui tranche », reconnaît l'un d'eux. Jean-Luc Mano se plaît parfois à feindre d'oublier le prénom de Stéphane Schmaltz, comme pour mieux souligner son insignifiance. Ce dernier ne se prive pas en retour de minimiser le rôle de Mano, le ramenant à un simple « media-trainer ». « Nathalie aime s'entourer de gens très différents et mettre en scène une forme d'entropie », préfère retenir un membre de l'équipe.

Au cœur du dispositif, Anne Dorsemaine est la communicante « historique ». Cette personnalité attachante au look garçonne a rejoint Nathalie Kosciusko-Morizet en 2005, alors qu'elle était députée de l'Essonne. Si NKM peut parfois apparaître comme gentiment décalée, Dorsemaine, elle, est franchement atypique. « Anne elle est complètement alternative, je l'ai proposée à *Libé* pour un portrait de 4e de couv'. (…) Elle est toujours en rangers avec des robes écossaises qui arrivent à la mi-fesse », s'amusait la ministre lors d'une conversation « hors-micro » mise en ligne par France Info[34]. En plus de ses tenues singulières, cette femme de gauche, la cigarette jamais loin des lèvres, fait preuve d'un franc-parler peu commun. Responsable de la communication des différents ministères occupés par sa patronne entre 2007 et 2012, elle devient vite la terreur des technos dans les cabinets. « Elle est insupportable, elle voulait nous enrégimenter. Tout le monde s'est engueulé avec elle, mais NKM la garde car elle la considère comme son porte-bonheur », se souvient l'un d'eux. Pour autant, chacun reconnaît la qualité de son travail. Elle s'adjoindra également les services d'Aurore Longuet, fille de l'ancien ministre de la Défense Gérard Longuet, au moment du passage au ministère du Développement durable.

(34) « Parlons net ! », France Info, 30 mai 2009.

Les visiteurs du soir

C'est lors de sa rétrogradation au secrétariat d'État au numérique début 2009 que Kosciusko décide d'étoffer son équipe com'. L'épisode du « concours de lâcheté » lui a ouvert un espace de notoriété dans l'opinion, mais son image reste encore trop floue. Sur les conseils de son mari, elle a recours aux services de Stéphane Schmaltz, un communicant alors membre de l'agence Euro RSCG. Ce jeune militant socialiste de l'Essonne dans les années 1980-90 a dirigé un temps le cabinet de l'ancien maire de Longjumeau, Philippe Schmit. Il a ensuite intégré l'agence de communication de Stéphane Fouks, où il s'est lié avec l'UMP Benoist Apparu. Depuis, sa carrière alterne entre droite et gauche. La mère de ce pur Essonnien est même élue Front de gauche à Longpont-sur-Orge, ville de résidence de la famille Kosciusko. « Cela ne me surprend pas qu'il travaille avec NKM, explique le sénateur PS de l'Essonne, Michel Berson, qui l'a bien connu. Il veut arriver en haut de l'affiche, et s'il y a un jeune véhicule qui peut l'amener loin… »

Schmaltz parvient à convaincre NKM des failles de sa stratégie de communication, et en particulier de son besoin d'enracinement à droite. Convaincu que l'UMP va éclater en différents courants et autres écuries présidentielles, il est de ceux qui militent pour prendre date. Le résultat sera *Le Front antinational*, qui ancre la jeune femme sur une ligne de centre-droit chiraquienne. La secrétaire d'État fait du communicant d'Euro-RSCG un de ses visiteurs du soir favoris. Cela tombe bien, dans l'agence de communication de Stéphane Fouks, les employés sont encouragés à conseiller des politiques.

Peu de temps après son arrivée, c'est au tour de Jean-Luc Mano d'intégrer lui aussi la « team NKM ». Encore un homme de gauche. Vif et chaleureux, il navigue dans la communication politique depuis les années 1980, époque où il conseillait Lionel Jospin. Ancien militant du Parti communiste, il a débuté sa carrière comme journaliste à *L'Humanité*, puis a dirigé les rédactions de France 2 et de France Soir. C'est au cours du deuxième quinquennat Chirac qu'il s'investit pleinement dans son rôle de conseiller, à droite cette fois, notamment auprès de Michèle Alliot-Marie. Il rencontre Nathalie Kosciusko-Morizet dans un dîner organisé par Marie-Claire Daveu, qu'il a connue au cabinet de Serge Lepeltier. Mano est d'abord chargé de préparer la jeune femme aux réactions à la sortie de son livre, *Tu viens ?*. Il entraîne également la secrétaire d'État au Numérique à des interviews en long format, considérés comme son point faible à l'époque. Au fil du temps, il s'impose comme l'un de ses principaux référents, prenant volontiers la posture du grand frère.

François-David Cravenne, lui, vient compléter le dispositif au lendemain de la candidature à la mairie de Paris. Ancien compagnon de Virginie Calmels, la présidente du Conseil de surveillance d'Euro Disney passée par Endemol, il est l'un des « spin doctors » préférés de la droite. Il a fréquenté huit cabinets ministériels différents et a notamment conseillé Christine Albanel et Christian Estrosi. C'est lui qui était chargé de faire de Luc Chatel, alors ministre de l'Éducation, le « porte-parole naturel » de Nicolas Sarkozy en 2012[35]. Un poste finalement raflé par une certaine Nathalie Kosciusko-Morizet.

Une communicante 2.0

Incarnation d'un certain renouveau dans la classe politique française – malgré un parcours classique – Nathalie Kosciusko-Morizet a construit son image autour du numérique et de l'écologie. Deux thèmes d'avenir sur lesquels elle a su capitaliser pour se présenter en femme politique moderne. Et c'est en partie sur le web que NKM exerce ses talents de communicante. Elle décide d'ouvrir un compte Twitter pour séduire la communauté des geeks.

— Ce n'est pas fait pour un ministre. C'est comme un Tamagotchi, tu vas devoir l'utiliser tout le temps, la met pourtant en garde un de ses conseillers.

Mais Anne Dorsemaine lui fait comprendre l'importance des réseaux sociaux. La ministre se prend très vite au jeu : en voiture, dans les trains, dès qu'un

(35) « Chatel muscle sa "com" pour peser dans la campagne de Sarkozy », Augustin Scalbert, Jules Vamos, *Rue89*, 15 janvier 2012.

moment de libre se présente. Elle devient la personnalité politique la plus suivie. Pour séduire la communauté des entrepreneurs web, elle tweete dès que possible son soutien à telle PME ou telle start-up innovante. La ministre va même jusqu'à apprendre aux députés à utiliser Twitter et Facebook lors des « Ateliers de l'élu 2.0 ».

Ce contact direct avec l'internaute-citoyen implique selon elle de ne plus se dissimuler derrière une image construite par des communicants. Dotée d'une solide réputation en matière de franc-parler, NKM estime que l'époque est à la sincérité, une idée qu'elle répète lors de nombreuses interviews. Et pointe volontiers les « dissonances » du discours de certains politiques. Dès 2009, elle s'en explique à l'occasion d'une émission de décryptage de la parole politique sur Public Sénat : « Je ne crois pas aux images construites, ni aux gens qui se prennent la tête en se disant "je vais m'habiller comme ça" et qui cherchent à architecturer l'image. Dans la politique, on est sous les lumières, et quand il y a une dissonance, quand c'est faux, ça se voit. »(36) Cinq chefs d'orchestre ne sont dès lors pas de trop pour harmoniser la mélodie.

(36) « NKM, le parcours d'une combattante, Déshabillons-les », Public Sénat, 20 avril 2009.

18

UNE FAMILLE QUI OBLIGE

Été 1944. A la veille de la bataille pour la libération de Paris, Jacques Kosciusko-Morizet, 31 ans, rédige quelques feuillets à l'attention de ses enfants, au cas où la mort l'attraperait. « Apprenez avant tout à être des hommes loyaux, généreux, durs pour vous-mêmes plus que pour les autres, écrit-il. (...) Vous aimerez la France avec lucidité et avec passion, sans chauvinisme mais avec fanatisme. Vous apprendrez à connaître, à estimer, à aimer aussi d'autres peuples, petits et grands ; vous vivrez, j'espère, en des temps plus pacifiques que les nôtres ; mais sachez que c'est en servant la France que vous servirez le mieux l'humanité. »[(37)] Le futur grand-père de Nathalie Kosciusko-Morizet s'éteindra finalement cinquante ans plus tard, le 15 mai 1994. Qu'importe l'époque où il est lu, ce texte a valeur d'héritage dans la famille, en particulier pour sa petite-fille. Enfant, Nathalie

(37) « Jacques Kosciusko-Morizet », nécrologie par Alain Peyrefitte, École normale supérieure.

Kosciusko-Morizet a noué avec cet homme une complicité forte. Devenu par la suite diplomate, son portrait en noir et blanc, celui d'un élégant en costume trois pièces et au regard serein, suivra la jeune femme dans tous ses ministères.

De l'exemple de cet aïeul, mais aussi du modèle d'une famille aux réussites multiples, elle tire l'obligation de ne pas décevoir. « Nathalie parle régulièrement de sa famille, non pas pour s'en vanter, mais comme d'une chose qui l'oblige », confirme un ami de jeunesse. « Il est manifeste qu'elle a grandi dans une “famille à mythologie”, dans laquelle il y a tout un récit des origines. Cela doit être un propulseur inconscient très important », résume, lui, Camille Pascal. Une mythologie qui puise ses racines chez un ancêtre prestigieux, Tadeusz Kosciuszko, général de l'armée polonaise et héros de la guerre d'indépendance américaine à la fin du XVIIIe siècle. Trois générations d'élus de l'ouest parisien précèdent ensuite NKM : son arrière-grand-père, André Morizet, a été sénateur-maire de Boulogne dans les années 1920 ; son grand-père, Jacques, est lui resté maire de Saint-Nom-la-Bretèche, dans les Yvelines, jusqu'à sa mort ; son père, François, occupe aujourd'hui encore l'hôtel de ville de Sèvres et siège au groupe UMP du conseil général des Hauts-de-Seine. De quoi donner des idées pour la première femme de la famille à s'investir en politique.

« Si on ne vous a pas ouvert la fenêtre sous les yeux,

en France, quand vous êtes une femme, vous ne pensez même pas à faire de la politique, reconnaît ainsi Nathalie Kosciusko-Morizet dans un documentaire diffusé en 2005 sur France 3. Avoir une famille investie là-dedans, ça vous met sur la pente, c'est une invitation à aller voir. »[38]

Néanmoins, certains sont plus nuancés sur l'influence de sa famille. « Il y a chez elle une ambition de reconnaissance qui ne correspond pas à ses origines, estime ainsi Frédéric Salat-Baroux, ancien secrétaire général de l'Élysée. C'est quelqu'un qui vient d'une grande famille, et pourtant, elle a l'obstination d'une personne issue d'un milieu modeste qui aurait tout à prouver. L'origine de cette ambition, aux airs de revanche sociale, est un mystère. » D'autres avancent comme explication la distance des relations entretenues avec son père François. Polytechnicien comme elle, haut fonctionnaire à la carrière réussie de bout en bout, il se serait montré peu présent pour ses quatre enfants. « Nathalie, la deuxième, a manqué de tendresse, ses parents sont assez austères, note Isabelle Balkany, qui connaît toute la famille. Elle a eu besoin de réussir. Les enfants délaissés ont plus envie de se battre. »

Dans le salon de Jacques Kosciusko-Morizet

Le monde politique, Nathalie Kosciusko-Morizet y a été confrontée jeune fille dans le salon de son

(38) « Elles sont entrées en politique », France 3, 12 mai 2005, Nathalie Le Breton.

grand-père. Après la guerre, ce normalien, camarade rue d'Ulm de Georges Pompidou et ancien militant des Jeunesses socialistes, est devenu directeur de cabinet du président de la République Vincent Auriol. Il a ensuite été promu ambassadeur sous de Gaulle, alternant les postes entre le Zaïre et Washington, en passant par les Nations unies. Dans son bel appartement parisien face au Sénat, il a reçu une grande partie de la classe politique des IVe et Ve République. C'est là que la jeune femme, étudiante en prépa au lycée Louis-le-Grand, a vécu pendant deux ans, sous un toit qui a vu défiler des personnalités comme Marie-France Garaud, Pierre Juillet, Charles Pasqua ou encore Jérôme Monod. Bien qu'issu de la gauche, son grand-père s'est investi par fidélité gaulliste au RPR de Jacques Chirac, dont il a été pendant plusieurs années le conseiller diplomatique.

Les élections législatives de 2012 fournissent une illustration de l'importance de cet homme dans le parcours de l'ancienne ministre de l'Écologie. Alors qu'elle doit affronter un scrutin compliqué dans sa propre circonscription, la députée de l'Essonne prend le temps de se rendre à Saint-Nom-la-Bretèche, loin des micros et des caméras. Henri Guaino y a été parachuté candidat. Elle vient apporter un soutien très personnel à l'ancienne plume de Nicolas Sarkozy, membre invétéré de la famille gaulliste.

— Quand j'étais petite, je venais tous les week-ends jouer dans le jardin de mon grand-père ou dans les rues de "Saint-Nom", explique-t-elle aux habitants réunis ce jour-là dans la salle Jacques Kosciusko-Morizet. Maintenant, ce sera un autre gaulliste qui va lui succéder.

Héritière contre héritière

À la veille de sa campagne pour la mairie de Paris face à Anne Hidalgo, Nathalie Kosciusko-Morizet préfère néanmoins rester discrète sur l'influence de sa prestigieuse lignée. Mieux vaut ne pas donner l'image d'une héritière quand on axe sa communication autour du thème de l'émancipation et de la liberté. « Ce qui énerve Nathalie, c'est qu'on puisse lui reprocher d'être là pour perpétuer alors que c'est une femme de rupture, avance un de ses "spins doctors". L'idée de la campagne à Paris va être de dire que l'héritière, c'est Hidalgo. » Héritière de Bertrand Delanoë, cela s'entend.

La socialiste a aussi choisi d'attaquer sur cet angle.

— Je ne suis pas née avec une cuillère en argent dans la bouche, répète-t-elle à longueur d'interviews lorsqu'on lui demande d'évoquer sa concurrente.

Dans l'équipe de la candidate PS, on s'efforce même de ne pas prononcer l'acronyme « NKM » pour mieux souligner ses racines familiales. « Je l'appelle Madame Kosciusko-Morizet, parce que c'est son nom et qu'il a une histoire », sourit ainsi Christophe Girard, maire PS du 4e arrondissement. Anne Hidalgo compte bien faire de son parcours de fille d'immigrés espagnols un argument de campagne. « Anne Hidalgo voit

Madame Kosciusko à travers son prisme de femme qui a grandi dans un HLM à Lyon. Elle doit recevoir les attaques de sa concurrente comme une forme de violence de classe », croit ainsi savoir Christophe Girard.

Au-delà de ces questions de marketing politique, l'influence de la famille de Nathalie Kosciusko-Morizet sur sa carrière prend parfois un tour très concret. La jeune femme doit ainsi en partie sa candidature à la mairie de Paris au député du 17e arrondissement, Bernard Debré, un de ses soutiens les plus zélés. Frère du président du Conseil constitutionnel, Jean-Louis Debré, il n'est autre que le petit-fils du professeur Robert Debré, beau-frère d'André Morizet. Chez NKM, la politique est bel et bien une histoire de famille.

19
À nous deux, Paris

— T'as bien fait d'aller à Paris quand même, hein ? J'ai rien dit, mais regarde : t'es devant et ils courent derrière !

Nicolas Sarkozy est d'humeur étonnament badine en ce jour de mars 2013. Une semaine après le choc de sa mise en examen dans l'affaire Bettencourt, l'ancien président semble avoir retrouvé des couleurs. Est-ce le fait de croiser par hasard son ancienne porte-parole sur le quai de la gare du Nord ? Le jeune retraité doit se rendre à Bruxelles pour remettre la Légion d'honneur à un ministre belge et – ô surprise ! – Nathalie Kosciusko-Morizet, elle aussi, est attendue dans le plat pays pour une réunion militante. Autant faire route ensemble alors. Dans le train, l'ambiance est joviale. La conversation suit son cours sans direction précise : le dernier disque de Carla Bruni, la correspondance de Proust... Sarkozy couve d'un regard admiratif sa nouvelle protégée. Début février, alors qu'elle n'était pas encore candidate déclarée, il s'affichait ostensiblement à ses côtés lors d'une visite aux commerçants près de son bureau de la rue de Miromesnil. Il n'a depuis fallu à la jeune femme qu'une poignée de semaines pour s'imposer comme la candidate naturelle de l'UMP pour conquérir la mairie de Paris.

Les « scorpions » de l'UMP

C'est Bernard Debré, le cousin de Nathalie Kosciusko-Morizet, qui, en novembre 2012, émet le premier l'idée de faire venir la députée de l'Essonne dans la capitale. Le parti se déchire alors autour de Jean-François Copé et François Fillon, tous deux candidats à sa présidence. Les apartés entre responsables de l'UMP se succèdent dans les cafés environnant le siège du mouvement, pour tenter de régler le conflit. Chez les élus parisiens, la conversation dérive sur les prochaines municipales où François Fillon pourrait les représenter. « Cela ne va pas, il nous faut quelqu'un de non-aligné », estime Debré, pourtant soutien de l'ancien Premier ministre. « Nathalie correspond parfaitement à la sociologie de la capitale : bobo, geek, écolo », poursuit-il. L'idée fait rapidement son chemin. Même Claude Goasguen, le copéiste maire du 16e arrondissement, se laisse séduire par cette perspective. Le « club des loosers », comme le surnomme un conseiller de Kosciusko, s'est trouvé une nouvelle championne.

Candidate de l'UMP à la mairie de Paris ? NKM

est d'abord flattée par la proposition. « Elle était fière, car elle n'a pas l'habitude qu'on vienne la chercher », reconnaît un proche. Mais cette perspective semble également l'effrayer.

— Quitter Longjumeau, c'est un peu comme si je quittais mon mec, répond-elle aux interlocuteurs qui la questionnent sur ses intentions.

Difficile de lâcher une ville à laquelle on a juré fidélité moins d'un an plus tôt au moment des législatives. Et puis, les risques de manipulations existent.

— Paris c'est trop compliqué, ils me font venir pour mieux me tuer, souffle-t-elle à son futur concurrent de la primaire UMP, Pierre-Yves Bournazel, croisé à la terrasse d'un bar près de l'Assemblée nationale.

Les « barons » de la droite, héritiers des années Chirac et Tiberi, au chaud dans leurs mairies du centre et de l'ouest de la capitale, sont réputés pour leur amour des coups de billards à trois bandes. « Les pires ennemis de Nathalie, ce sont les scorpions de l'UMP de Paris, résume Roselyne Bachelot. C'est l'histoire du scorpion et du crocodile qui lui fait traverser la rivière. L'arachnide pique le crocodile. “Mais pourquoi est-ce que tu me piques” demande ce dernier ? “C'est comme ça, je n'y peux rien, je suis un scorpion”, se voit-il répondre. »

L'opportunité reste trop belle cependant pour être écartée d'un simple revers de main. Quelle meilleure manière de poursuivre son ascension, alors que son parti doit patienter cinq ans dans l'opposition ? Depuis plusieurs mois, l'entourage de NKM réfléchissait à l'éventualité de partir à la conquête d'une ville plus importante que Longjumeau. Des atterrissages à Toulouse et Lyon, où l'UMP se cherche un visage, ont été envisagés, mais sa préférence va à l'Île-de-France. C'est l'hypothèse Boulogne-Billancourt, ville traversée encore aujourd'hui par l'avenue André Morizet, du nom de son ancien maire, qui tient la corde le plus longtemps. L'arrière-petite-fille succédant à son aïeul, le symbole serait beau. Mais Paris ne se refuse pas si facilement. Son conseiller politique Grégoire de Lasteyrie passe ses vacances de Noël avec les résultats des dernières élections sous le bras et les épluche arrondissement par arrondissement. Bilan : la partie semble difficile. Mais, petit à petit s'impose l'idée que même une défaite honorable pourrait servir la candidate. « Un résultat à 47-48 % serait déjà pas mal », estime un de ses proches. Personne ne s'attend à une victoire de la droite et une année d'exposition médiatique est toujours bonne à prendre. Nicolas Sarkozy, qu'elle voit régulièrement, la pousse à se lancer. « Il a joué le maître d'école, l'a beaucoup conseillé, il adore ça », assure un visiteur de l'ancien président. Faire monter NKM, c'est aussi enfoncer un coin supplémentaire dans la bataille Fillon-Copé, en leur glissant dans les pattes un nouveau concurrent. Lui qui avait raflé à tout juste 28 ans la mairie de Neuilly au nez et à la barbe de Charles Pasqua indique à la jeune femme la marche à suivre :

— Tu prends, sans attendre qu'on te donne.

La « Blitzkrieg » de NKM

Une fois sa décision arrêtée, Nathalie Kosciusko-Morizet se lance dans une cour discrète mais appuyée des élus de Paris. Elle multiplie les déjeuners, profite des pauses lors des questions à l'Assemblée pour s'entretenir avec les uns et les autres. « Elle a su créer des liens avec les élus parisiens de façon assez fine, avec beaucoup d'humilité », résume Philippe Goujon, le patron de l'UMP dans la ville. L'opération de charme réussit, la majorité des cadres du parti se rallient à sa candidature. François Fillon, la présidentielle en ligne de mire, choisit de lui passer le témoin.

Le dernier obstacle à franchir est la réapparition de son ancien rival à l'époque du ministère de l'Écologie, Jean-Louis Borloo. Le président de l'UDI annonce le mercredi 13 février qu'il est prêt à entrer dans la course. Il serait poussé, murmure-t-on, par quelques copéistes. L'ancien maire de Valenciennes présente lui aussi un profil singulier susceptible de plaire à l'électorat parisien. Le soir même, Kosciusko décide de passer la vitesse supérieure en réunissant l'ensemble de ses soutiens dans un café.

— Il faut publier un appel à ta candidature, lui conseillent les participants.

C'est chose faite le lendemain après-midi, 77 élus parisiens clament leur soutien à la députée de l'Essonne. Quelques minutes plus tard, Borloo publie un communiqué pour annoncer qu'il se retire de la course. Le vendredi, NKM peut tranquillement déclarer sa candidature dans les colonnes du *Parisien*. « Avant, j'étais critique. Je trouvais qu'elle voulait aller trop vite, qu'elle surfait trop, juge Benoist Apparu. Mais j'ai été épaté par sa "Blitzkrieg" parisienne. C'est un dérivatif à 2017, c'est intelligent. »

Certains opposants de la candidate voient surtout dans sa volonté de conquérir Paris un tremplin à son ambition présidentielle. Celui qui est élu maire de la ville où se concentrent tous les pouvoirs en France devient rapidement incontournable dans la course à l'Élysée. Et puis, NKM ne répétait-elle pas régulièrement en privé viser la primaire de 2016 devant désigner le candidat de l'UMP face à François Hollande ? Elle s'en défend désormais en public, assurant qu'elle se consacrera « entièrement à la capitale » en cas d'élection. Les mots sont pesés avec précision et destinés à ne pas insulter l'avenir, comme le révèle un de ses plus proches conseillers. « Dans toutes les interviews qu'elle a faites, elle a dit "ma priorité, c'est Paris", et pas "je ne pense pas à la primaire de 2016". À moins de se foutre de la gueule des gens, elle ne peut pas dire une chose pareille. »

Le retour de Patrick Buisson

C'est sur ce thème que l'attaque d'ailleurs à plusieurs

reprises Pierre-Yves Bournazel, son plus coriace opposant dans le cadre de la primaire devant désigner le candidat de l'UMP à la mairie de Paris. Ce scrutin, elle l'a souhaité pour mieux s'émanciper des « barons ». On lui prédisait une promenade de santé face à ce jeune conseiller de Paris, au maire du 1er arrondissement, Jean-François Legaret, et au chrétien-démocrate Franck Margain.

Mais le retrait de la course de Rachida Dati à un mois du vote, sa seule adversaire de poids, constitue un premier accroc. Les deux anciennes ministres de Nicolas Sarkozy ont beau avoir mis en avant leur proximité politique pendant des années, la maire du 7e arrondissement ne compte pas servir de marchepied à sa rivale. Et puis, elle n'a pas apprécié de voir Marie-Claire Daveu, l'ombre de NKM, se rapprocher de Christian Le Roux, son adversaire dans le 7e. Mal en cour à droite ces dernières années, l'ancienne égérie sarkozyste ne voudrait pas se voir délogée de son fauteuil d'élue locale. Difficile donc avec une seule tête d'affiche de passionner les foules pour un combat qui n'en est plus un.

C'est par un homme inattendu dans cette bataille que le feu des projecteurs va se braquer sur la primaire : Patrick Buisson. Quelques mois plus tôt, Nathalie Kosciusko-Morizet avait accusé sur Canal + le conseiller de Nicolas Sarkozy d'avoir voulu « faire gagner Charles Maurras » à l'occasion de l'élection présidentielle. La formule avait été ciselée par Jean-Luc Mano lors d'une réunion de travail consacrée à « débuissoniser » l'image de la jeune femme. Bien qu'elle s'en défende, elle ne veut pas être associée à la droitisation de la campagne du président sortant.

L'éminence grise de Sarkozy a été piqué par la sortie de l'ancienne porte-parole. Joint par téléphone mi-mai, Patrick Buisson assure néanmoins ne pas chercher à se venger : « Ce n'est pas parce qu'elle m'a attaqué que je vais me livrer aux mêmes procédés ». C'est pourtant bien sa main que le camp NKM voit derrière les assauts de Pierre-Yves Bournazel et de ses comparses de la Droite forte, le mouvement droitier de l'UMP. Des appels à voter contre Nathalie Kosciusko-Morizet s'étaient déjà propagés sur les sites de la « Manif pour tous » et de la droite radicale. L'offensive devient explicite le 20 mai avec l'appel de Guillaume Peltier, chef de file de la Droite forte, à s'opposer à l'ancienne maire de Longjumeau.

C'est le coup de fouet qui manquait à la candidate dans une campagne ronronnante. Pas plus inquiète que cela, elle décide de jouer la dramatisation du scrutin, comme lors des dernières élections législatives en Essonne. Se présenter en rempart contre la droite extrême devrait permettre de mobiliser son électorat. Une conférence de presse est organisée en urgence à son siège de campagne. « Peltier, c'est le Buisson qui cache la forêt », lâche-t-elle aux journalistes. Ses « spin doctors » sont chargés de forcer le trait : « Si Nathalie perd, c'est l'explosion de l'UMP ».

— J'en ai marre de ces garçons en culottes courtes qui n'ont jamais gagné une élection et qui viennent me donner des leçons ! s'énerve-t-elle en privé.

L'attitude offensive de Bournazel irrite au plus haut point le camp de NKM. Celui qui se pose en « maire manager » est raillé pour son inexpérience. « Paris c'est 8 milliards d'euros de budget, 50 000 collaborateurs. Le type n'a même pas eu la responsabilité d'un club de ping-pong d'arrondissement ! », moque un des membres de l'équipe de la candidate.

Comme prévu, la victoire n'échappe pas à NKM. La participation est faible, mais les électeurs ont désigné la jeune femme dès le premier tour pour affronter Anne Hidalgo. « Très franchement, nous n'avons jamais douté que nous allions gagner », sourit un collaborateur de la candidate. Le déroulé du scénario n'était pas écrit à l'avance. L'issue, en revanche, ne faisait aucun doute. Mais n'en a-t-il pas toujours été ainsi dans la carrière de Nathalie Kosciusko-Morizet ?

Conclusion

Ces dernières semaines, les commerçants du 14e arrondissement de Paris voient une nouvelle cliente se promener entre leurs étals. Ici chez le primeur, là chez le boucher… Elle n'engage pas forcément la conversation, patiente comme tout le monde devant la boulangerie le dimanche matin, silencieuse. Son but est avant tout de se montrer, pas encore de convaincre. Parachutée début juillet 2013 dans ce quartier du sud de la capitale, Nathalie Kosciusko-Morizet tient à rappeler à chacun que son installation n'est pas factice.

— On va être voisins, lâche-t-elle parfois aux riverains, laissant le bouche-à-oreille poursuivre le travail.

De ce quartier paisible traversé de larges avenues, où la bourgeoisie et les jeunes actifs à poussettes ont presque partout supplanté les classes populaires, elle espère faire sa nouvelle terre d'élection. Pour cela, elle va frapper aux portes des appartements bordant l'élégant parc Montsouris, visiter les immeubles haussmanniens de la place Denfert-Rochereau ou encore arpenter les commerces de bouche de la rue Daguerre.

À l'entendre, les raisons de son installation seraient avant tout personnelles. « Je crois que je lui ressemble », écrit-elle à propos de l'arrondissement dans une lettre adressée aux habitants. Nathalie Kosciusko-Morizet invoque le souvenir de ses grands-parents paternels : Marianne a longtemps possédé la Pharmacie des arts, boulevard du Montparnasse, où son époux Jacques avait même caché des armes pour la Résistance. C'est aussi dans cet arrondissement que la jeune femme a accouché de son premier fils, Paul-Elie, en 2005. Mais le motif de son implantation se révèle bien plus prosaïque. En bonne militaire, elle ne s'est pas lancée dans la bataille avant d'avoir scrupuleusement évalué les forces en présence. Les citadelles socialistes de l'est parisien étant supposées imprenables, il ne lui restait que peu d'arrondissements susceptibles de répondre à son cahier des charges : un territoire de « reconquête », assez peuplé pour envoyer de nombreux élus au Conseil de Paris. Elle veut croire que ce quartier bobo n'est tenu par la gauche que faute de candidature valable à droite. Et les derniers sondages réalisés semblent aller dans son sens.

Bien que perdue parmi 36 000 autres scrutins locaux, l'élection devant désigner le maire de Paris, toute puissante capitale politique et économique, est regardée attentivement dans chaque coin de l'Hexagone. Elle devrait permettre aux Français de mieux connaître cette femme dont l'image est encore en friche, et qui ne désire rien tant que de présider un jour à leur destinée. « Ce qu'elle a devant elle, c'est le moment où les gens sauront qui elle est, résume Frédéric Salat-Baroux, gendre de Jacques Chirac. Un homme politique naît toujours deux fois. Peut-être que Paris va la révéler aux Français. Quels sont les ressorts de son engagement, comment veut-elle servir les autres ? On se brise toujours quand on est seulement mu par l'ambition. »

Décrocher les clés de l'Hôtel de ville ne sera pas une tâche aisée pour NKM. Comment réussir à stopper l'érosion de la droite dans la capitale depuis le départ de Jacques Chirac en 1995 ? Comment mobiliser l'électeur conservateur de l'ouest parisien, tout en séduisant celui plus centriste, auquel elle est censée ressembler ? Comment, enfin, s'inscrire en rupture avec Bertrand Delanoë, tout en ménageant un bilan socialiste jugé positivement par une majorité de Parisiens ? « Elle va devoir étonner sur le fond pour être élue, il faudra qu'elle lance des idées toutes les semaines », estime son ami Renaud Donnedieu de Vabres. « Nathalie va surprendre, répond Vincent Roger, son porte-parole pendant les primaires. Nous allons montrer que nous n'avons plus rien à voir avec la vieille droite parisienne, et que la révolution, c'est elle qui l'incarne ! »

Nathalie Kosciusko-Morizet, la bonne élève, affiche jusqu'à présent un parcours sans faute. Il ne lui reste plus aujourd'hui qu'à sortir du rang.

Annexe

Liste des personnes citées

Benoist Apparu, ancien secrétaire d'État chargé du logement auprès de Nathalie Kosciusko-Morizet (2010-2012), entretien réalisé par Gaspard Dhellemmes et Olivier Faye le 20 mars 2013.

Roselyne Bachelot, ancienne ministre de François Fillon (2007-2012) et soutien de Nathalie Kosciusko-Morizet, entretien réalisé par Olivier Faye le 2 mai 2013.

Isabelle Balkany, première adjointe UMP au maire de Levallois et amie de Nathalie Kosciusko-Morizet, entretien réalisé par Olivier Faye le 25 avril 2013.

Patrick Balkany, député-maire UMP de Levallois (Hauts-de-Seine) et ami de Nathalie Kosciusko-Morizet, entretien réalisé par Gaspard Dhellemmes et Olivier Faye le 19 avril 2013.

Michel Berson, sénateur de l'Essonne et ancien président du Conseil général de l'Essonne (1998-2011), entretien réalisé par Olivier Faye le 14 mai 2013.

Mohamed Bouazzaoui, adjoint au maire de Longjumeau (Essonne) et soutien de Nathalie Kosciusko-Morizet, entretien réalisé par Gaspard Dhellemmes et Olivier Faye le 16 avril 2013.

Renaud Donnedieu de Vabres, ancien ministre (UMP) de la Culture (2004-2007) et ami de Nathalie Kosciusko-Morizet, entretien réalisé par Gaspard Dhellemmes et Olivier Faye le 8 mars 2013.

Père Frédéric Gatinois, curé de la paroisse de Longpont-sur-Orge (Essonne), ville de résidence de Nathalie Kosciusko-Morizet, entretien réalisé par Olivier Faye le 4 juin 2013.

Christophe Girard, maire PS du 4e arrondissement de Paris, entretien réalisé par Gaspard Dhellemmes et Olivier Faye le 12 avril 2013

Philippe Goujon, président de la Fédération UMP de Paris, entretien réalisé par Gaspard Dhellemmes le 8 avril 2013.

Jean Jouzel, climatologue membre des groupes de travail sur le Grenelle de l'environnement et ancien membre du think tank ADN de Nathalie Kosciusko-Morizet, entretien réalisé par Gaspard Dhellemmes et Olivier Faye le 21 mars 2013.

Fabienne Keller, ancienne maire de Strasbourg et soutien de Nathalie Kosciusko-Morizet, entretien réalisé par Gaspard Dhellemmes et Olivier Faye le 21 mars 2013.

Michel Maffesoli, sociologue et ami du couple Jean-Pierre Philippe-Nathalie Kosciusko-Morizet, entretien réalisé par Olivier Faye le 7 mai 2013.

Jean-Claude Marquez, ancien conseiller municipal (PS) de Longjumeau (Essonne) et opposant de Nathalie Kosciusko-Morizet à l'élection municipale de 2008, entretien réalisé par Gaspard Dhellemmes et Olivier Faye le 21 mars, puis par Olivier Faye le 31 mai 2013.

Alain Minc, visiteur du soir de Nicolas Sarkozy et soutien de Nathalie Kosciusko-Morizet, entretien réalisé par Gaspard Dhellemmes le 3 mai 2013.

Xavier Musca, ancien secrétaire général de l'Élysée de Nicolas Sarkozy (2011-2012), entretien réalisé par Olivier Faye le 15 mai 2013.

Bernard Nieuviaert, ancien maire (DVD) de Longjumeau (Essonne) et ancien soutien de Nathalie

Kosciusko-Morizet, entretien réalisé par Gaspard Dhellemmes et Olivier Faye le 13 mars, puis par Olivier Faye le 31 mai 2013.

Camille Pascal, ancien conseiller de Nicolas Sarkozy pendant la campagne présidentielle 2012, entretien réalisé par Gaspard Dhellemmes et Olivier Faye le 2 avril 2013.

René Ricol, ancien médiateur du crédit et ami de Nathalie Kosciusko-Morizet, entretien réalisé par Gaspard Dhellemmes et Olivier Faye le 21 mai 2013.

Vincent Roger, conseiller de Paris, ancien porte-parole de la campagne pour la primaire UMP à Paris de Nathalie Kosciusko-Morizet, entretien réalisé par Gaspard Dhellemmes le mardi 18 juin 2013.

Frédéric Salat-Baroux, ancien secrétaire général de l'Élysée de Jacques Chirac (2005-2007), entretien réalisé par Gaspard Dhellemmes et Olivier Faye le 2 avril 2013.

Philippe Schmit, ancien maire (PS) de Longjumeau (Essonne) et opposant (DVG) de Nathalie Kosciusko-Morizet, entretien réalisé par Gaspard Dhellemmes et Olivier Faye le 8 mars, puis par Olivier Faye le 4 juin 2013.

René Sève, président du CAS pendant le passage

de Nathalie Kosciusko-Morizet au secrétariat d'État à la Prospective, entretien réalisé par Olivier Faye le 31 mai 2013.

Olivier Thomas, maire (PS) de Marcoussis (Essonne) et opposant de Nathalie Kosciusko-Morizet aux élections législatives, entretien réalisé par Olivier Faye le 26 avril 2013.

Denis Tillinac, écrivain et proche de Nathalie Kosciusko-Morizet, entretien réalisé par Olivier Faye le 10 mai 2013.

Georges Tron, maire de Draveil (Essonne) et ancien ministre de François Fillon (2010-2011), entretien réalisé par Gaspard Dhellemmes et Olivier Faye le 27 mars 2013.

Remerciements

Merci d'abord aux plus de 120 personnes, citées ou non dans l'ouvrage, qui ont accepté d'endurer nos questions, ainsi qu'à leurs collaborateurs pour leur aide dans la prise de rendez-vous.

Merci à Corinne Laurent, sans qui ce projet n'aurait pas vu le jour, ainsi qu'à Olivia Elkaïm, François Reynaert, Stéphane Alliès, Bertrand Gréco et Louis-Paul Astraud pour leurs conseils.

Merci à Camille Vigogne Le Coat, Erwan Pastol, Alaric Audard, Matthieu Rouault et Frédéric Says pour leur relecture constructive.

Merci à Luc Jacob-Duvernet pour sa confiance.

Ce projet représentait le premier grand défi de nos jeunes carrières. Merci à nos proches pour leur soutien et leurs encouragements tout au long de cette aventure.

Pour vous tenir informé
des prochaines publications
des Éditions Jacob-Duvernet,
contactez Louis de Mareüil :
louis.demareuil@editionsjd.com
01 42 22 63 65

ou rendez-vous sur le site
www.editionsjd.com

Cet ouvrage a été achevé d'imprimer en août 2013
par Normandie Roto Impression s.a.s.
61250 Lonrai
N° d'impression : 133020
Dépôt légal : août 2013
ISBN : 978-2-84724-483-0

Imprimé en France